Inhaltsverzeichnis

Einführung 7

1. Wer bin ich? 9

2. Die Hoch-Zeit vor der Ehe 18

3. Die Ehe – eine gute Idee Gottes 39

4. Ehefrau werden 58

5. Ehemann werden 71

6. Die erste Ehekrise 85

7. Wenn Männer versagen 95

8. »Was Gott zusammengefügt hat, das soll der Mensch nicht scheiden« 102

9. Alleinlebend – frei für besondere Aufgaben 122

10. Vom Dienst des Mannes und der Frau in der Gemeinde 133

Anmerkungen und Literaturhinweise 144

Einführung

»Eheseminar – das Wort klingt nach Arbeit«. So kommentierte ein Freund den Buchtitel. »Das soll es auch«, war meine Antwort.

Wer dieses Buch zur Hand nimmt, wird bald merken, daß ihm hier Arbeit zugemutet wird, nämlich gründlich über die Bestimmung des Menschseins und über die Voraussetzungen für eine gute Gemeinschaft von Mann und Frau nachzudenken. Um ein Bild vom Hausbau zu gebrauchen: Das Buch gibt eine Anleitung für die Arbeit am Fundament. Oder ein anderes Bild: Wer ein Auto erwerben und steuern will, wird ohne Kenntnis der Straßenverkehrsordnung die Prüfung nicht ablegen können. Wer seine Ehe sicher steuern und vor Gefahren schützen will, muß die Ordnung Gottes für die Ehe kennen. Das »Eheseminar« will diese Grundkenntnisse vermitteln.

Aufbau und Inhalt des Buchs haben in vielen Gesprächen mit meiner Frau die vorliegende Form bekommen. In vielen Eheseminaren konnten wir die zehn Seminareinheiten schon einem »Härtetest« unterziehen. Das Ergebnis hat mich ermutigt, sie zu überarbeiten und zu einem in sich abgerundeten »Eheseminar« zusammenzufassen.

Der rote Faden, der sich durch alle Arbeitseinheiten hindurchzieht, ist die folgende Einsicht: Wir sind Geschöpfe eines Gottes, der als Vater, Sohn und Geist eine innige Gemeinschaft pflegt. Deswegen sind auch wir auf Gemeinschaft angelegt und angewiesen, auf Gemeinschaft mit anderen Menschen und mit Gott.

Wenn wir diese Einsicht gewinnen, bekommen wir auch einen neuen Blick für die Ehe. Wir erkennen in ihr eine große Chance, Gemeinschaft zu lernen und zu erleben. Wir beginnen, uns für Gottes Ehekonzeption zu interessieren. Und dabei erleben wir, wie wir Hoffnung und Freude empfangen. Die Ehefrau findet zu ihrer Bestimmung, ihrem Mann Hilfe zum Leben zu sein. Der Ehemann findet zu seiner Bestimmung, mit Liebe, Hingabe und Fürsorge für seine Frau dazusein.

Einführung

Jede Gemeinschaft, vor allem die Ehe, lebt vom Gespräch. Auch die Arbeit an der Ehe vollzieht sich wesentlich im Gespräch. Deswegen sollte das Buch möglichst gemeinsam erarbeitet werden. Befreundete, verlobte und verheiratete Paare, aber auch Gemeinde-, Haus- und Ehepaarkreise sollten die Seminareinheiten im Gespräch erarbeiten. Dabei sollte darauf geachtet werden, daß die unterschiedliche Sichtweise des Mannes und der Frau gleichgewichtig eingebracht wird.

Ich danke Herrn Markus Harms für die Bereitschaft, das Buch neu zu verlegen, und meiner Frau für die große Hilfe, die sie mir bei der Arbeit daran war.

Pastor Dr. Joachim Cochlovius
29664 Walsrode-Düshorn
März 1999

1. Wer bin ich?

Pastor Kemner, der Gründer und frühere Leiter des Geistlichen Rüstzentrums Krelingen, sollte einmal auf Einladung von Studenten einen Vortrag über die moderne Philosophie halten. Er hatte kaum begonnen, da wurde er schon unterbrochen. Jemand stellte provozierend fest: »Wir wollen eigentlich gar nicht wissen, was Sie sagen – wir wollen wissen, wer Sie sind«. Pastor Kemner hatte die Geistesgegenwart, sich über diese Unterbrechung nicht zu ärgern. Er legte sein Konzept weg und antwortete: »Nichts tue ich lieber. Das ist das Thema meines Lebens«.

Diese Episode hat für mich eine tiefere Bedeutung. Sie kennzeichnet unsere Zeit. Wir leben in einer Inflation der Wörter. Das gesprochene und das geschriebene Wort wiegen nicht mehr viel. Der heutige Mensch ist weithin »totgepredigt«. Bloße Meinungen, mögen sie noch so gut durchdacht und begründet sein, interessieren ihn kaum noch. Wir alle suchen mehr. Wir suchen im Grunde Persönlichkeiten, die in ihrer Lebensbewältigung überzeugen, bei denen sich Wort und Sein decken. Wir suchen hinter den Meinungen und Ansichten Begegnung, Beziehung und Gemeinschaft mit dem anderen. Wir suchen das Einmalige an ihm.

Wenn diese Beobachtungen richtig sind, dann stehen wir selbst vor einer großen Herausforderung. Wenn der andere an mir das Einmalige, meine Wesensmerkmale, meine Charakterzüge sucht und nach der Glaubwürdigkeit meines Lebensvollzugs fragt, wenn mein Verhältnis zu ihm davon abhängt, in welchem Maß es ihm und mir gelingt, das jeweils Einmalige am andern zu finden, dann stehe ich vor der Frage nach meiner eigenen Identität. Wie sehe ich mich, nach welchen Maßstäben beurteile ich mich, nach welchen Grundsätzen lebe ich, wie weit stimmen sie mit meinem Alltag überein?

Jede sinnvolle Arbeit an unseren Beziehungen zu anderen Menschen muß deshalb bei uns selbst beginnen, und zwar in der Klärung der Frage »Wer bin ich?« und in der Arbeit an der Entsprechung zwischen unseren Grundsätzen und unserem Lebensvollzug. Deswegen setze ich auch in meinen Ausführungen an dieser Stelle ein. Ich möchte nicht nur Meinungen und Erfahrungen zur Diskussion stellen. Das geschieht genug. Vielmehr möchte ich die Einsicht fördern, daß wir Menschen unverwechselbare, einmalige Wesen sind, welche die Chance haben, sie selbst zu werden und zu glaubwürdigen und dadurch gemeinschaftsfähigen Persönlichkeiten heranzureifen.

Die Frage »Wer bin ich?« ist eine Vertrauensfrage. Wem vertrauen wir uns bei unserer Suche nach Antworten an? Wir begegnen heute einer großen Zahl von biologischen, psychologischen, tiefenpsychologischen, politischen und anderen Erklärungsmodellen. Ein einflußreiches Menschenbild bietet z.B. der Neomarxismus an. Jürgen Habermas als einer seiner führenden Vertreter empfiehlt ein kollektives Identitätsbewußtsein. Der Mensch soll erkennen, daß er bis in seine letzten Maßstäbe, Ängste und Pläne ein gesellschaftsabhängiges Wesen ist und sich und seine eigentlichen Bedürfnisse gar nicht individuell bestimmen kann, sondern von der Gesellschaft bzw. von der Gruppe bestimmen lassen muß. Wer ich bin, vermögen in dieser Philosophie nur die anderen zu sagen. Das Faszinierende an diesem Menschenbild ist seine Konsequenz. Zweifellos richtige Aspekte des Menschseins, nämlich die Mitgestaltung der Sprache, die Mitprägung des Verhaltens und der Ideale durch die Gesellschaft werden hier verabsolutiert. Doch die Frage bleibt offen, ob die Gesellschaft wirklich die letzte Instanz für das Selbstverständnis des Menschen sein kann.

Wer bin ich? Die Antwort, die dieser Schrift zugrundeliegt, stammt aus der Bibel. Sie lautet: Unsere Identität als Menschen finden wir weder in uns selbst, weder in der Natur noch Kultur noch Gesellschaft, weder im Abtöten der Leidenschaften noch in der Ekstase, weder im Leugnen Gottes noch in religiösen Stimmungen, sondern allein darin, daß wir die Verheißungen Gottes im Glauben ergreifen, die er über unserem Leben ausgesprochen hat. Indem wir diese Verheißungen ernstnehmen und zum Maßstab unseres Lebensvollzugs machen, reifen wir zu dem

Menschen heran, der wir in Gottes Augen schon sind und der wir nach seinem Willen werden sollen. Und in dem Maße, in dem wir diese Verheißungsidentität finden und erleben, wächst unsere Fähigkeit, zwischenmenschliche Gemeinschaft aufzubauen.

Ich möchte diese Überzeugung verdeutlichen und wähle dazu ein Bibelwort, in dem in einmaliger Weise die Verheißungen Gottes für unser Leben umfassend und zugleich zusammengefaßt ausgedrückt werden, 1. Petr. 2,9: »Ihr seid das auserwählte Geschlecht, das königliche Priestertum, das heilige Volk, das Volk des Eigentums, daß ihr verkündigen sollt die Wohltaten dessen, der euch berufen hat von der Finsternis zu seinem wunderbaren Licht«.

In diesem Wort entdecken wir sechs Einzelverheißungen, sechs Aussagen über den Menschen nach Gottes Plan, sechs Antworten auf die Frage »Wer bin ich?«

1.1

Das Wort spricht uns in der Mehrzahl an. *Ihr* seid das auserwählte Geschlecht. Hier wird dem Menschen eine *Beziehungsidentität* zugesprochen. Es ist also zwecklos, als Individuum seine Lebensbestimmung finden zu wollen. Wir sind auf den anderen hin zugeordnet. Lebenssinn und -qualität finden wir, indem wir unsere Existenz als sinnvoll und nützlich für andere erfahren. Nichts ist schlimmer, als wenn uns Gedanken beschleichen, daß niemand uns braucht. Der Essener Jugendpastor Wilhelm Busch kam einmal mit einem Buchhalter ins Gespräch, der einen unglücklichen Eindruck machte. Busch fragte nach dem Grund, und es stellte sich heraus, daß den Mann weder materielle noch familiäre Gründe belasteten, sondern das Gefühl, eigentlich eine unnütze Arbeit zu verrichten und von niemand wirklich gebraucht zu sein.

Woran liegt es, daß wir als Solisten so schwer zu einem erfüllten Leben kommen? Ich meine, der Grund liegt in unserer Ebenbildlichkeit. Wir sind Geschöpfe eines Gottes »mit vielen Beziehungen«. Gott kommuniziert in seiner Trinität mit sich selbst und mit der von ihm erschaffenen sichtbaren und unsichtbaren Welt. Deswegen sind auch wir auf Kommunikation, auf Beziehung und Gemeinschaft hin angelegt.

Da wir hier als Beziehungs- und Gemeinschaftswesen angesprochen werden, entsteht die Frage, auf welche Gemeinschaft uns das biblische Wort weist. Nach 1. Kor. 12,13 ist es zunächst die Gemeinschaft der christlich Getauften. Hier ist der Raum, in dem wir nach der Verheißung der Bibel gebraucht werden, wo wir die gute Erfahrung machen können, für die Gemeinschaft unverwechselbar und wichtig zu sein.

Im vielfältigen Organismus der Gemeinde gibt es Aufgaben, für die gerade wir geeignet sind. Wie würden unsere Gemeinden aufblühen, wenn noch viel mehr Christen die Verheißung entdeckten, die in dem Wörtlein »Ihr« verborgen liegt. Und wie würde der einzelne aufblühen, wenn er merkt: Hier werde ich gebraucht. In der Gemeinde braucht niemand zu denken, er wäre unbegabt. Das wird am Bild des Leibes deutlich, das der Apostel Paulus in 1. Kor. 12 gebraucht. So wie es am Leib äußere und innere, augenfällige und unscheinbare, aber eben keine unnützen Glieder und Organe gibt, so ist es auch in der christlichen Gemeinde. Ich habe mir einmal im Urlaub einen kleinen Zeh gebrochen. Er konnte nicht geschient werden. Zwei Monate hatte ich ununterbrochen Schmerzen. Das Essen schmeckte nicht, die Arbeit machte keine Freude, das Stimmungsbarometer zeigte einen Tiefstand. Ein kleines, unscheinbares Organ; aber wie wichtig ist es doch für das allgemeine Wohlbefinden!

1.2

Die zweite Bestimmung menschlicher Existenz liegt nach unserem Bibelwort in der *Auserwählung*. Es liegt mir fern, hier den jahrhundertealten theologischen Streit um die Vorherbestimmung aufzunehmen. Vielmehr möchte ich die Auserwählung als Zusage und Verheißung auslegen. Die Bibel ist ein seelsorgerliches Buch. Ihren Verfassern geht es darum, den Menschen zum Glauben zu locken.

Auserwählung in seelsorgerlicher Perspektive meint: Mein Leben hat eine Regie, oder besser, einen Regisseur. Ich komme nicht aus dem Niemandsland, und ich gehe nicht in ein Niemandsland. Vor dem Beginn der Schöpfung hat Gott schon an mich gedacht, daß ich etwas werden soll zu seiner Ehre (Eph. 1,4ff.). Er hat mich mit meinem Namen gerufen, d.h. er schenkt mir Situationen, in denen ich zweifelsfrei merke, daß er, der lebendige Gott, mich sucht und liebt. Er hat mich gerecht gemacht, d.h. er schenkt mir Glauben an die Vergebung meiner Schuld durch Jesus Christus. Und er hat mich herrlich gemacht, d.h. er gibt mir einen Platz im vollendeten Reich Gottes, in seiner unvergänglichen Herrlichkeit (Röm. 8,29f.).

Das Wissen um diese komplette Regie Gottes über unser Leben verändert uns. Es schenkt uns in einer ungeborgenen Welt Geborgenheit. Wir wissen, woher wir kommen und wohin wir gehen. Wir dürfen das Wort Zufall getrost vergessen. Wer seine Existenz in der Auserwählung durch Gott bestimmt weiß, der wird eine Zuversicht empfangen, die über den Tod hinausreicht. Wer bin ich? Ich bin von Gott auserwählt zu einem sinnvollen Leben zu seiner Ehre in Zeit und Ewigkeit.

1.3

In der Auslegung der dritten Zusage, der Verheißung des *königlichen Priestertums*, schließe ich mich an Martin Luthers Schrift »Von der Freiheit eines Christenmenschen« an. Hier führt er in unübertrefflicher Weise aus, daß der Mensch als ein der Vergänglichkeit und Gottesferne preisgegebenes Wesen aus sich weder König noch Priester sein kann. Aber durch Christus, der in vollendeter Weise König und Priester ist, empfängt der Christ Anteil an dessen König- und Priestertum. In der Glaubensverbindung mit Christus wird der Mensch König und Gebieter über alle Dinge, und zwar dergestalt, daß ihm alles zum Besten dienen muß. In gleicher Weise wird er auch Priester, der die Not der Welt vor Gott bringt und ihr Gottes Willen und Segen zuspricht.

Diese Doppelverheißung revolutioniert unser Leben. Sie macht uns zu königlichen und priesterlichen Menschen, wenn wir sie im Glauben ergreifen. Als Könige sind wir zum Gebieten berufen. Unter Berufung auf Christus dürfen wir den Situationen, Menschen und Mächten, die uns zu schaffen machen, gebieten, uns zum Besten zu dienen. Ich will ein Beispiel erzählen. Ich kenne einen einfachen Arbeiter, der auf einer Tagung im Krelinger Rüstzentrum einmal seine Lebensgeschichte erzählte. Er sagte, daß er von Kindheit an so schüchtern gewesen sei, daß er immer ein Außenseiter war. Wie er überhaupt seine Frau kennengelernt habe, sei ihm ein Rätsel. Aber durch die Begegnung mit Christus habe er gelernt, seine Schüchternheit zu überwinden. Und dann erzählte er ein Beispiel, bei dem wir alle aufhorchten: wie er auf einer Betriebsversammlung in einer heiklen Situation das Wort ergriffen und allen Versammelten zugerufen habe, im Blick auf Jesus gemeinsam die Lasten zu tragen. Das war überzeugend. Das war ein Beispiel für gelebtes Königtum, wie ein Mensch im Glauben die Macht der Beklemmung und Angst überwand. Und was für Schüchternheit gilt, das gilt natürlich für alle anderen Triebe, Ängste und Abhängigkeiten. Im Blick auf Christus sind sie überwindbar.

Auch die gelebte Priesterschaft verändert unser Leben. Wir beginnen, uns für die Ewigkeit des anderen zu interessieren. Wir lernen, die innere Not des anderen zu sehen. Wir halten uns nicht mehr dabei auf, sein Verhalten und seine Ansichten zu kritisieren und der Gesellschaft, der Politik oder der Kirche ihre Unzulänglichkeiten vorzuwerfen: Vielmehr tragen wir all diese Sorgen vor Gott und vertrauen darauf, daß er Mittel und Wege finden wird, Abhilfe zu schaffen. Das eindrucksvollste priesterliche Gebet ist meines Erachtens das Bußgebet Daniels in Daniel 9. Hier stellt sich einer unter die Schuld seines Volkes, solidarisiert sich mit ihr und bittet Gott stellvertretend für alle um Gnade und Barmherzigkeit. Priesterliche Gesinnung erweitert unseren Horizont, befreit uns von uns selbst und von aller Kritiksucht. Ein priesterlicher Mensch kann auch inmitten aller Not der Welt froh sein, denn er weiß die Not in den besten Händen: in Gottes Händen.

1.4

Zum *heiligen Volk* zu gehören, mag zunächst nicht sehr verheißungsvoll klingen. Aber fragen wir, was eigentlich »heilig« in der Bibel heißt. Als Mose im Jordantal am Ende des Wüstenzugs das Volk Israel noch einmal ermahnt, Gott treu zu bleiben, nennt er es ein heiliges Volk, das sich Gott aus allen Völkern zum besonderen Eigentum erwählt hat. Heilig sein heißt also zunächst, von Gott beschlagnahmt zu sein. Gott legt seine Hand auf einen Menschen und erklärt ihn zu seinem Bundespartner. Irgendeine besondere Qualifikation seitens des Menschen ist nicht notwendig. Im Gegenteil: Mose sagt es deutlich, um keine hochmütigen Gedanken in Israel aufkommen zu lassen: »Du bist das kleinste unter allen Völkern« (5. Mose 7,7). Das heißt, es gibt nichts, womit Israel seine Erwählung verdient hätte. Der einzige Grund für Israels und auch für unsere Heiligkeit liegt bei Gott. »Weil er euch geliebt hat«, so lautet die Begründung, die Mose gibt. Es gibt keine andere.

Wenn die Christen hier heilig genannt werden, dann also nicht deswegen, weil sie besser als andere Menschen wären, sondern weil Gott sie über alle Maßen liebt und sie aus der Vergänglichkeit und Sinnlosigkeit herauslieben will. Gottes Liebe gehört zur menschlichen Identität. Wer diese in Christus menschgewordene Liebe ergreift, der findet zu seiner von Gott gemeinten Bestimmung.

Wenn ich mich von Gott so sehr geliebt weiß, dann hat das Konsequenzen. Ich kann nicht mehr so leben wie vorher. Wer sich so um mich sorgt und mir so viel Gutes tut, dem möchte ich auch Gutes tun. Das ist das Abenteuer der Heiligkeit. Paulus sagt: Stellt euch nicht dieser Welt gleich (Röm. 12,2). Ich kann einfach nicht mehr alles mitmachen, was man in der Welt als köstlich und nützlich ansieht. Die Liebe zu Gott erlaubt es mir nicht. Ich kam einmal als Gemeindepfarrer in eine heikle Lage. Ich war zusammen mit meiner Frau zu einem Dorffest eingeladen. Wir wollten nicht absagen und fügten uns dem Stil des Festes ein, obwohl uns manches nicht gefiel. Als es auf Mitternacht zuging, traten einige Spaßmacher auf, die Witze rissen, die tief unter der Gürtellinie saßen. Meine Frau und ich merkten sofort, daß jetzt die Grenze erreicht war. Aus Liebe zu Gott konnten wir nicht länger bleiben, denn diese Witze mußten ihn betrüben, weil sic das Wunder menschlicher Sexualität in den Dreck zogen.

So verändert auch die uns zugesprochene Heiligkeit unser Leben und formt unsere Persönlichkeit. Wir werden dadurch nicht besser, daß uns Gottes Liebe groß wird, aber wir werden zu Liebenden, und das hat Konsequenzen.

1.5

Zum *Eigentumsvolk Gottes* gehören zu dürfen, das ist die anspruchsvollste Sinnbestimmung menschlichen Lebens. Gottes Eigentum zu sein, nicht mehr sich selbst, sondern voll und ganz Gott zu gehören, das ist ein Glaubensprogramm, das wir während unseres ganzen Lebens zu lernen haben. Wie oft haben wir schon »Herr« gesagt, sind aber doch unsere eigenen Herren geblieben.

Jede echte Bekehrung zu Gott bzw. zu Jesus Christus hat zwei Seiten. Sie ist Hinwendung zu Gott, aber sie ist auch gleichzeitig Abwendung vom eigenen Ich. Jesus sagte: »Wer mir nachfolgen will, der verleugne sich selbst« (Matth. 16,24). Wer diese Abwendung nicht einmal grundsätzlich und willentlich vollzogen hat, wird es schwer haben, das Abenteuer eines von Gott selbst gestalteten Lebens zu erfahren. Aber wem dicser Schritt einmal geschenkt wird, der wird lernen, all seine Lebensbezüge und -bereiche, auf die Gott im Laufe des Lebens die Hand legt, ihm auszuliefern. Es ist eine vorrangige Aufgabe der heutigen Verkündigung, daß beide Seiten der Medaille, Hinwendung zu Gott und Abwendung vom Ich, gleich intensiv gepredigt werden.

Ein großer Irrtum ist es zu befürchten, wir würden etwas verlieren, wenn wir unseren Willen, und d.h. ja vor allem unsere Absichten, Pläne und Wünsche, Gott opfern. Das Gegenteil ist der

Fall. Wer sich wirklich ganz abgibt, wird reich beschenkt. »Trachtet zuerst nach dem Reich Gottes und nach seiner Gerechtigkeit, so wird euch alles andere geschenkt« (Matth. 6,33). Im Aufgeben steckt das Gewinnen. Das ist das Geheimnis eines Christenlebens, das Eigentum Gottes ist.

1.6

Die sechste Sinngebung menschlicher Existenz, die wir in unserem Bibelwort finden, ist eine Aufgabe. Die fünf ersten sind Gaben, jetzt folgt eine Aufgabe:

Wer sich im Glauben als ein nützliches Glied der weltweiten Gemeinde Jesu Christi weiß,

wer über seinem Leben die Regie Gottes erglaubt,

wer bei Christus lernt, König und Priester zu sein,

wer sich auf das Abenteuer einläßt, konsequent als von Gott geliebter Mensch zu leben,

wer damit ernstmacht, daß er Eigentum Gottes ist,

der wird Gottes Handeln in Zeit und Ewigkeit, in Natur und Geschichte, an seinem Volk Israel und an der neutestamentlichen Gemeinde und schließlich in seinem eigenen Leben immer mehr verstehen. Dabei werden ihm die Fürsorge, die Liebe und Treue Gottes immer deutlicher vor Augen treten, und er wird sich gern der Aufgabe stellen, um die es jetzt noch gehen soll.

Unseren letzten Lebenssinn als Geschöpfe Gottes finden wir erst, wenn wir bewußt etwas sein wollen »zum Lob seiner Herrlichkeit« (Eph. 1,12.14), wenn wir einstimmen in das Lob Gottes, das die gesamte Kreatur – für uns unhörbar – anstimmt. »Die Himmel erzählen die Ehre Gottes, und die Feste verkündigt seiner Hände Werk« (Psalm 19,2). Es gehört zum Menschsein, das sich der Größe und Güte Gottes bewußt ist, einfach dazu, *die Wohltaten Gottes zu verkündigen*. Als Petrus und Johannes vor dem Hohen Rat standen und sich wegen ihrer öffentlichen Lehre verantworten mußten, konnten sie nur sagen: »Wir können's ja nicht lassen, zu reden von dem, was wir gesehen und gehört haben« (Apg. 4,20). Johann Sebastian Bach schrieb auf seine Notenseiten drei Worte, die dasselbe ausdrücken. »Soli Deo Gloria«, allein Gott die Ehre.

Wer die Apostelpredigten studiert, die uns in der Apostelgeschichte stichwortartig überliefert sind, wird schnell feststellen können, daß sie weitgehend aus einer Aufzählung von Wohltaten Gottes bestehen. Damit ist christlicher Predigt ein für allemal ein Vorbild gesetzt. Sie darf vorrangig nicht aus Appellen bestehen, sondern muß ihren Grundtenor in den Wohltaten Gottes suchen. Und das gilt auch für unser persönliches missionarisches Leben als Christ. Gott zu loben, das ist die große, die schönste und die bleibende Aufgabe, die uns gestellt ist. Im Lob Gottes verändern wir uns. Ich habe deutlich eine Bibelarbeit über das Lob Gottes vor Augen, die ich einmal gehört habe. Ich weiß keine Einzelheiten mehr, aber ich weiß genau, daß mich dieses Gotteslob hochgehoben hat aus der engen Perspektive meines Alltags. Es stimmt: »Loben zieht nach oben, danken schützt vor Wanken.«

Ich habe diese biblische Besinnung an den Anfang dieses Buches gestellt, um zu zeigen, daß Gott uns in eine Glaubensbewegung ruft. Wenn wir uns nun mit biblischen Aussagen befassen, welche die geschlechtsspezifische Bestimmung von Mann und Frau aufzeigen, dann werden wir sie nur mit persönlichem Gewinn verstehen, wenn wir uns in diese Glaubensbewegung rufen lassen. Gottes Wort will nicht eine Meinung sein, über die wir uns streiten, sondern es will Verheißung und Heilung sein, indem es uns in die Nähe Gottes zieht und damit zur Bestimmung unseres Menschseins.

2. Die Hoch-Zeit vor der Ehe

In jedem von uns, besonders wenn wir jung sind, lebt die Vorstellung, daß die Zukunft unser persönliches Glück steigern könnte. »Wenn ich erst den Schulabschluß in der Tasche habe, dann beginnt das Leben«. Oder: »Wenn ich erst beruflichen Erfolg habe ..., wenn ich erst mehr verdiene ..., wenn ich erst die augenblickliche Krise überwunden habe ..., wenn ich erst den richtigen Partner habe ...« Soviel Elan und Schaffenskraft diese Vorstellung auch in uns freisetzt, sie hat auch ihre gefährliche Seite. Über dem Morgen vergessen wir das Heute. Wenn es kein frommer Selbstbetrug war, was David in Psalm 23 betete: »Der Herr führt mich auf rechter Straße«, und wenn es stimmt, was Jesus Christus von sich sagt: »Ich bin gekommen, daß sie das Leben und volle Genüge haben« (Joh. 10,10), dann gilt es, jede Lebensphase als Hoch-Zeit zu entdecken. Entweder ist uns die Wirklichkeit Gottes im Hier und Heute zugesprochen und erfahrbar, oder sie nützt uns nichts. Vertröstungen überzeugen nicht.

In diesem Kapitel wollen wir die Hoch-Zeit vor der Ehe entdecken, die Zeit der Partnersuche und der Vorbereitung auf die Ehe. Sie hat ihren eigenen Reiz und ihre eigene Schönheit. Aber entdecken werden wir diesen Reiz und diese Schönheit nur, wenn wir bereit sind zum Glaubensrisiko. Das Abenteuer der Partnersuche stellt Anforderungen an die Ernsthaftigkeit unseres Glaubens, an die Festigkeit unserer Hoffnung und die Ehrlichkeit unserer Liebe, aber es ist voller außerordentlicher Verheißungen. Um sie aufzuzeigen, wähle ich die bekannteste Partnersuche der Bibel, den Bericht, wie Isaak seine Frau Rebekka fand (1. Mose 24). Zehn Beobachtungen scheinen mir an diesem Kapitel interessant und wegweisend zu sein.

2.1 Nur keine Torschlußpanik!

Das Glaubensabenteuer der Partnersuche beginnt immer mit dem gewagten Vertrauen auf Gottes Stunde. Wenn Gott Gott ist, dann hat er die Gesamtregie des Weltalls genauso souverän wie mein persönliches Schicksal in der Hand. Wenn unser Glaube sich nicht aufzuschwingen vermag zu der Perspektive, daß unsere Lebenszeit, unsere berufliche Platzanweisung und auch der künftige Ehepartner in der Hand Gottes sind, dann ist dieser Glaube wenig wert. Wo wir aber Gott zutrauen, daß er uns tatsächlich durch jeden einzelnen Tag führt, wird das Leben spannend und reich, dort wird jede Zeit Hoch-Zeit, auch die Wartezeit auf den Ehepartner.

Eine 41jährige Ehefrau erinnert sich: »Ich denke zurück an die Zeit zwischen 20 und 25 Jahren, an die Zeit, in der ich für viele junge Männer schwärmte, die mit mir studierten, und in der ich oft dachte: Dieser gefällt dir und jener gefällt dir. Mit dem einen habe ich eine Party gefeiert, und mit dem anderen bin ich auf einer Freizeit spazierengegangen. Es war die Zeit, in der auch drei junge Männer fragten, ob ich ihre Frau werden wolle. Aber ich hatte jedes Mal ein Nein für sie. Es waren viele Gefühle für sie in mir, aber etwas blockierte mich. Ich betete seit langem dafür, daß Gott mir einen gläubigen Ehepartner zeigen möge, und daß ich die erste für ihn und er der erste für mich sein möge.«

Der Glaubensschritt, mit dem sich ein Mensch der persönlichen Führung Gottes anvertraut, führt in eine neue Dimension. Uns wird ein sechster Sinn geschenkt, und wir beginnen zu spüren, wo der richtige Weg für uns liegt. Wir leben ein Geheimnis mit unserem Herrn, wir fragen ihn, wir bitten ihn, und er öffnet uns die Augen für seine Führung. Es wäre ein Mißverständnis, wollte man dieses Warten und Suchen nach der Regie Gottes Untätigkeit nennen. Das Gegenteil ist wahr, wie aus dem Zitat klar wird. Wer im Gebet auf Partnersuche geht, ist in höchster Aktivität. Er sucht die Spuren und Winke Gottes, und je mehr er sie erkennt, desto mehr wachsen die Vorfreude und die Kraft, diesen Weg weiterzugehen.

Das eigene Lebensalter spielt, so gesehen, eine untergeordnete Rolle. Die fatale Torschlußpanik wird gebremst, denn der Glaube weiß, daß Gott nie zu spät kommt. Isaak ist schon über 37 Jahre alt, aber von Hektik spüren wir in diesem Kapitel nichts. Niemand kann sagen, wieviel Leid durch vorschnelle Eheschließungen entstand. Nächst der Entscheidung für Christus ist die Entscheidung für den Ehepartner die wichtigste, die ein Mensch überhaupt treffen kann. Sie sollte in einer geschenkten Gewißheit und ohne Zeitdruck geschehen.

2.2 Guter Rat ist nicht teuer

Ein junger Mann lädt seine Freundin zum Essen mit seinen Eltern ein. Das Mädchen hat sich hübsch angezogen. Bei Tisch entsteht ein angeregtes Gespräch, bei dem Zukunftspläne geschmiedet werden. Verliebte Blicke werden getauscht. Begeistert fragt der junge Mann nach Tisch seine Mutter nach ihrem Eindruck von seiner Freundin. Erstaunt und ernüchtert hört er die Antwort: »Weißt du, worauf ich bei deiner Freundin geachtet habe? Ob sie nach dem Essen auf die Idee kommt, den Tisch mitabzuräumen.«

Eltern mögen ungebildet, unbeherrscht, uninformiert und unflexibel sein, aber immer haben sie den Kindern eines voraus. Sie haben mehr Erfahrung. Die Erfahrung älterer Menschen nicht in Anspruch zu nehmen, ist immer ein Zeichen von Dummheit. Dumm kann aber auch eine ganze Zeitepoche sein. Seitdem die Philosophie Hegels zur Grundlage für die evolutionistischen Theorien geworden ist, prägt die Idee der Aufwärtsentwicklung des Lebens und der Vervollkommnung des Menschen das Denken der Neuzeit. Wir sind weiter, wir sind klüger, wir sind besser als diejenigen, die vor uns gelebt haben. Das ist das Selbstbewußtsein unserer Epoche. Das Alter verbeugt sich vor der Jugend anstatt umgekehrt. Hier gilt es, wieder nüchtern zu werden und den Vorsprung der Erfahrung ernstzunehmen, den das Alter hat.

In unserer Geschichte ergreift Abraham die Initiative für die Ehe seines Sohnes. Hier engagiert sich ein Vater für seinen Sohn. Er mobilisiert alles, was er hat, damit sein Sohn eine optimale Ehe bekommt. Wo sind die Eltern, die so viel daran setzen, daß ihre Kinder zu einer glücklichen Ehe kommen? Ich meine nicht ein elterliches Selbstbewußtsein, das sich für unersetzbar hält und notgedrungen ärgerlich wird, wenn das Kind den Rat nicht hören oder annehmen will, sondern ich meine einen Einsatz aller verfügbaren Kräfte und Mittel, vor allem des Gebets, dem Kind zu einer guten Ehe zu verhelfen. Dieser Einsatz kann und wird nicht spurlos am Kind vorübergehen, ja er wird das heute so oft gestörte Verhältnis zwischen Kind und Eltern erneuern.

2.3 Partnersuche ist kein Kinderspiel

Auf einer Pfarrkonferenz erzählte ein Pfarrer, in welch tragikomischer Weise sich die Scheidungsnot in der Schulklasse seiner Tochter auswirkt. Die Kinder dieser Klasse stammten etwa zur Hälfte aus geschiedenen Ehen. Meist lebten sie bei ihrer Mutter, die ihrerseits mit einem neuen Partner verkehrte. In einigen Fällen wohnten die geschiedenen Eheleute noch in derselben Wohnung, so daß die Kinder nicht nur die Spannung zwischen ihren geschiedenen Eltern, sondern auch deren oft noch ungeklärte Beziehungen zum neuen Partner miterlebten. Eines Tages kam die Pfarrerstochter mit mürrischem Gesicht nach Hause und erklärte ihrer Mutter: »Ich will auch so einen Onkel haben.« Beim Nachfragen stellte sich heraus, daß die Kinder aus solchen Verhältnissen oft Süßigkeiten vom Freund ihrer Mutter bekamen.

Eine kleine Episode, doch von großer Tragweite. Werden diese Kinder, die so hautnah an den Scheidungsfolgen zu tragen haben, jemals in der Lage sein, eine lebenslange Ehe einzugehen? Der Pfarrer, der das berichtete, machte den Leichtsinn vieler junger befreundeter Paare für diese Entwicklung verantwortlich. Er meinte, es fehle weithin das Gespür für die Tragweite der Eheschließung. Ich füge hinzu: Es mangelt auch an Ehevorbereitung. Es gibt in unserem Land keine öffentliche Körperschaft, die systematisch, landesweit und regelmäßig eine Eheschulung anbietet, weder Schule, Hochschule oder Volkshochschule, weder evangelische Landeskirchen noch Bundesländer. Dies ist ein solch schwerwiegender Notstand, daß man sich nur wundern kann, daß er so wenig empfunden wird.

Wer unser Kapitel im 1. Mosebuch liest, begegnet durchgehend einer großen Ernsthaftigkeit. Hier spüren alle Beteiligten die enorme Tragweite und Bedeutung der Ehe. Abraham betraut seinen ältesten, erfahrensten und einflußreichsten Diener mit der Aufgabe, für Isaak eine Frau zu suchen. Beide besiegeln ihr Ziel mit einer gottesdienstlichen Zeichenhandlung. Der Diener nimmt eine lange und beschwerliche Reise auf sich. Er bereitet sich intensiv und unter Gebet auf die bevorstehende Begegnung vor.

Eine gelungene Ehe gehört zum Schönsten, was Gott uns in dieser vergänglichen Welt schenken kann. Bei einem solchen Ziel lohnt es sich, alles zu investieren, was man an Zeit, Geduld, Kraft und Liebe hat.

2.4 »Zieht nicht am fremden Joch mit den Ungläubigen« (2. Kor. 6,14)

Abraham legt absoluten Wert darauf, daß sein Sohn keine Frau von den Kanaanitern bekommt. Manche Überlegung hätte eigentlich dafür gesprochen. Eine einheimische Frau war mit Land und Leuten, mit den Boden- und Wetterverhältnissen viel besser vertraut als eine fremde. Der Erwerb von Grund und Boden wäre auf diese Weise problemlos möglich gewesen. Auch missionarische Gründe hätten für die Ehe mit einer Kanaaniterin angeführt werden können. Eine für den Glauben an den Gott Abrahams gewonnene Heidin hätte unter ihrem Volk eine gute Evangelistin sein können. Aber Abraham ist an dieser Stelle radikal einseitig. »Schwöre, daß du meinem Sohn keine Frau von den Kanaanitern nimmst, sondern daß du in mein Vaterland ziehst und zu meiner Verwandtschaft und dort für Isaak eine Frau nimmst.« Warum geht Vater Abraham hier keinen Kompromiß ein?

Ich möchte diese Frage, die bei unsachgemäßer Beantwortung tiefreichende Eheprobleme heraufbeschwören kann, im Lichte des Neuen Testaments beantworten. Nur dann, wenn wir uns von der in Jesus Christus Mensch gewordenen Liebe Gottes leiten lassen, gewinnen wir den richtigen Blick für die Handlungsweise Abrahams. Es geht bei der Mahnung, daß Christen nur Christen heiraten sollten, nicht um die Züchtung eines Gettobewußtseins, auch nicht nur um die Vermeidung von Belastungen und Mißverständnissen in der Ehe, sondern es geht in der christlichen Ehe um viel mehr.

Die Liebe Gottes macht uns zu Menschen, die Gott von ganzem Herzen lieben. Wie können wir aber unserer Liebe zu Gott besser Ausdruck verleihen als dadurch, daß wir seine Ehre suchen? Hier sind wir an der Nahtstelle unserer Frage. Gott wird geehrt, indem wir ihn beim Wort nehmen und ihm vertrauen. Das kann nur der Glaubende. Da ich als Christ von der Liebe Gottes bewegt werde, die mich drängt, alle Lebensbereiche Gott zur Verfügung zu stellen, werde ich auch den elementaren Lebensbereich Ehe zu Gottes Ehre zu gestalten versuchen. Da ein nichtgläubiger Mensch Gott keine Ehre geben kann, hindert mich die Liebe zu Gott daran, mit ihm eine eheliche Verbindung einzugehen.

Oft wird zur Begründung, daß ein Christ nur einen gläubigen Partner heiraten sollte, auf die Ausführungen des Apostels Paulus in 2. Kor. 6,14-16 verwiesen, vor allem auf die erste Ermahnung: »Ziehet nicht am fremden Joch mit den Ungläubigen«. Es ist aber hilfreich, außerdem noch 1. Kor. 6 und 7 zu studieren, besonders 1. Kor. 6,12-20. Hier behandelt der Apostel für die christliche Gemeinde die innere Unmöglichkeit des geschlechtlichen Umgangs mit Huren. Die Begründung, die er gibt, ist sehr tiefschürfend und wirft auch Licht auf unsere Frage glaubensverschiedener Partner. Zwei Gedankenkreise werden entwickelt.

a) Der Christ ist durch den Heiligen Geist mit Christus verbunden. Der Heilige Geist wohnt in ihm. Insofern ist der Leib des Christen ein Tempel des Geistes.

b) Jede geschlechtliche Vereinigung von Mann und Frau ist ein ganzheitlicher Vorgang. Leib, Seele und Geist verbinden sich. Die beiden Menschen werden »ein Fleisch«, d.h. ein Wesen.

Die Folgerung aus diesen beiden Einsichten für unsere Frage kann nur lauten: Wenn die körperliche Vereinigung Ausdruck einer ganzheitlichen Persönlichkeitsvereinigung ist, dann verbindet sich im Vollzug einer Ehe, die zwischen einem Christen und einem nichtgläubigen Partner geschlossen wurde, eine Person, in welcher der Heilige Geist wohnt, mit einer Person, in welcher der Heilige Geist nicht wohnt. Der Heilige Geist, der nach dem biblischen Zeugnis wesensmäßig eine Person ist, muß durch eine solche Verbindung verletzt werden.

Die seelsorgerliche Erfahrung zeigt, daß in Ehen, die unter der Hoffnung des gläubigen Teils geschlossen wurden, er werde den Partner im Lauf der Jahre zum Glauben führen können, oft eine Belastung mitläuft. Mir steht eine Frau vor Augen, die sich über Jahrzehnte bemüht hat, ihren Mann zu bekehren, und die es nicht nur nicht geschafft hat, sondern die es erleben mußte, wie ihre Ehe in immer tiefere Not geriet. Wir sollten nicht klüger als der Apostel Paulus sein wollen (1. Kor. 7,16)! Wenn wir das Für und Wider einer solchen »glaubensverschiedenen« Verbindung prüfen wollten und auf die eine Waagschale alles legten, was für eine solche Ehe spricht (gemeinsame Interessen, Zuneigung, die Art und Weise des Kennenlernens usw.), und auf der anderen Schale würde nur diese eine warnende Frage des Apostels liegen, so hätte diese Seite trotz allem das größere Gewicht. Die geistlichen Gesetzmäßigkeiten wiegen schwerer als unsere menschlichen gutgemeinten Absichten.

Eine Ausnahme von dieser geistlichen Regel liegt dann vor, wenn in einer Ehe, die von beiden Partnern ohne Glaubensbezug zu Jesus Christus geschlossen wurde, ein Partner zum Glauben findet. Paulus geht auf diese Situation in 1. Kor. 7,12-16 ein. Der ungläubige Teil, wie auch die Kinder, sind dann durch den gläubigen Teil geheiligt. Diese Aussage ist nur auf dem Hintergrund des biblischen Ehebildes verständlich. Die Ehe vereinigt zwei Personen zu einem Fleisch, zu einem Wesen. Deswegen hat – in diesem Fall – der ungläubige Teil passiv Anteil am Heiligen Geist, er ist geheiligt. Dies bedeutet, daß der Heilige Geist sein Werk, nämlich Sünden- und Christuserkenntnis zu schenken und zu fördern, an ihm tut, und zwar um des gläubigen Teils willen. Daß dieses Werk allerdings nicht automatisch zur Bekehrung führt, sondern am Widerstand des ungläubigen Teils scheitern kann, diesen Fall kalkuliert der Apostel mit ein (1. Kor. 7,15).

Was ist nun aber denen zu raten, die im Überschwang des Gefühls und in geistlicher Selbstüberschätzung einen nichtgläubigen Partner geheiratet haben und erleben müssen, daß sich geistlich bei ihm nichts bewegt? In dieser ernsten Situation möchte ich zur Beichte raten, die allerdings von der Bereitschaft durchdrungen sein muß, Lasten tragen zu wollen, die Gott wegen des begangenen Ungehorsams der Ehe auferlegen kann. Die Vergebung Gottes nimmt nicht immer die Lasten weg, die wir durch unseren Ungehorsam uns selber auferlegen (vgl. 2. Sam. 12).

2.5 Gottes Fürsorge aktiviert uns

Es ist ein großes Mißverständnis, daß der Glaube einen Menschen untätig macht. Lebendiger Glaube vergewaltigt uns nicht, setzt uns nicht schachmatt, sondern aktiviert unsere ganze Persönlichkeit. Wir bekommen neue Ziele gesteckt, die Kraft und die Führung Gottes wird uns zugesprochen, die Probleme und Nöte verlieren ihre furchterregende Macht. Wir bekommen Lust, mit Gott im Alltag zu rechnen (vgl. das Hohelied des aktiven und aktivierenden Glaubens in Hebr. 11).

Es muß nicht der Ausdruck eines bergeversetzenden Glaubens sein, wenn jemand erklärt, Partnersuche sei unnötig, weil Gott ohnehin zu rechten Zeit den rechten Partner schicken werde, getreu dem Spruch »Was mir mein Gott hat zugedacht, das wird mir wohl ins Haus gebracht«. Einer solchen passiven Haltung kann eine einseitige Sicht des Glaubens zugrundeliegen oder auch Angst oder Faulheit. Der Glaube schärft den Blick für Gottes Möglichkeiten, aber er schärft auch unseren Verstand und unsere Sinne. Nichts anderes meint Paulus mit seinem geistlichen Rat, die »Zeit« auszukaufen (Eph. 5,16). Der griechische Text zeigt, daß hier die erfüllte Zeit, die Gottesgelegenheit, gemeint ist. Der Glaube lebt aus der Gewißheit, daß Gott uns vorausgeht, daß er uns Türen öffnet und Gelegenheiten schenkt, aber er weiß auch, daß er durch die Türen hindurchgehen und die Gelegenheiten ergreifen muß. Abrahams Knecht betet und denkt. Er zieht nach Haran in Mesopotamien, er sucht den Wasserbrunnen vor der Stadt und wartet den Abend ab, denn zu dieser Zeit »pflegten die Frauen herauszugehen und Wasser zu schöpfen«.

Ein betendes Denken muß uns leiten bei der Partnersuche. Wenn mir klar ist, daß ich nur mit einem christlichen Partner eine

Ehe eingehen kann, dann muß ich dorthin gehen, wo sich aller Wahrscheinlichkeit nach Christen aufhalten. Der Aufwand kann hoch, der Einsatz groß sein, aber das Ziel, eine erfüllte Ehe zu führen, wiegt alles auf.

2.6 Der Maßstab für die Partnerwahl

Wir hatten uns im 4. Abschnitt dieses Kapitels schon einmal mit der Liebe zu Gott als dem tiefsten Maßstab für die Partnerwahl beschäftigt. Die Liebe öffnet uns die Augen dafür, daß wir als Christen unsere Ehe nur mit einem gläubigen Partner zur Ehre Gottes leben können.

Nun gehen wir noch einen Schritt weiter und fragen konkret nach dem Glauben des Partners. Wenn wir 1. Mose 24 sorgfältig lesen, werden wir feststellen, daß Abrahams Knecht klare Vorstellungen vom Glauben der künftigen Frau Isaaks hat. Er sucht nämlich nach den praktischen Äußerungen des Glaubens. Darin erweist er sich als klug, denn es gibt leider verschiedene Arten von Glauben. Es gibt einen toten Glauben, von dem Luther sagte, daß er nur ein müder und schläfriger Gedanke von Christus sei. Ein solcher Glaube trägt keine Frucht nach Galater 5,22. Da ist keine Liebe erkennbar, kein Frieden und keine Freundlichkeit. In Jakobus 2,17 heißt es »Der Glaube, der keine Werke hat, ist tot in sich selbst«.

Der Leiter eines christlichen Freizeitheims erzählte mir einmal von einer Gruppe von Christen, die sich dadurch auszeichnete, daß sie ihre »Stille Zeit« immer nach dem Mittagessen hielt, während die übrigen Gäste beim Abwasch halfen. Solch einem Glauben, der keine helfende Nächstenliebe hat, muß mit großer Skepsis begegnet werden. Abrahams Knecht sucht den lebendigen Glauben, den Glauben, der sich in der Liebe erweist. Er sucht nach einem Mädchen, das ohne Aufforderung auch die Kamele zu tränken bereit ist.

Der Maßstab für die Partnerwahl ist also die dem Christen geschenkte Liebe Gottes. Sie bewegt ihn, auch in seiner Ehe Gottes

Ehre zu suchen. Sie drängt ihn, nach einem Partner Ausschau zu halten, der einen in der Liebe aktiven Glauben hat.

An dieser Stelle möchte ich auf die oft gestellte Frage »Wie kann ich erkennen, ob der – die – andere zu mir paßt?« eingehen. Viele Verliebte lassen sich durch diese Frage in Bann schlagen. Sie zergrübeln sich den Kopf über das Alter, die Größe, die Bildung, das Aussehen, die Verwandtschaft, die Vergangenheit, das Vermögen, die Gesundheit, die Interessen oder den Charakter des anderen. Ganz Eifrige interessieren sich auch noch für die Lieblingsfarbe, die Lieblingsmusik oder auch das Lieblingsessen.

Ich möchte nicht bestreiten, daß ein Austausch über diese Aspekte anregend und nützlich sein kann. Aber sie allein bieten noch keine Gewähr für eine gute Ehe, selbst wenn der in Betracht kommende Partner überall die Note »sehr gut« aufweist. Das Fatale an ihnen ist nämlich, daß sich bei dieser Methode, den anderen zu messen, die Person des Beurteilers zum letzten Maßstab erhebt. Die Ehe wird dann letztlich auf die Überzeugung, den Geschmack und das Urteil der beiden Partner begründet, die sie eingehen. Das aber ist ein sehr riskanter Start.

Ich möchte stattdessen empfehlen, diese ganzen Fragen des Zueinanderpassens nicht überzustrapazieren. Ein Christ lebt immer unter der Verheißung, daß die Liebe Gottes in seinem Leben wirksam wird. Das ist die Dimension, auf die alles ankommt und nach der er sich ausstrecken darf und muß. Die Liebe ist die eigentliche »Paßform«. Die Liebe fügt das scheinbar Unpassende zusammen und hält es zusammen. Die Liebe hat verändernde Kraft. Alle oben genannten Einzelaspekte können sich unter ihrer Regie verändern. Im Grunde fragt der wahrhaft Liebende nicht danach, ob der andere zu ihm paßt. Er liebt ihn, so wie er ist, und dann vollzieht sich das Geheimnis, daß durch die Liebe beide anfangen, immer besser zueinander zu passen, in all ihrer Unterschiedlichkeit.

Als Beispiel für diesen Blick der Liebe, die auch das Unpassende passend macht, möchte ich eine Szene aus dem Roman »Leberecht Hühnchen« von Heinrich Seidel zitieren, auf den

Volkhard und Gerlinde Scheunemann in ihrem Ehebuch hingewiesen haben. Zwei Freunde sehen sich nach langer Zeit wieder. Der eine hat inzwischen geheiratet. Bevor er dem Freund seine Frau vorstellt, bereitet er ihn darauf vor, daß sie verwachsen sei, und er fügt hinzu: »Ich sehe das nicht mehr und habe es eigentlich nie gesehen, denn ich habe mich in ihre Augen verliebt – und in ihr Herz – und in ihre Güte – und in ihre Sanftmut – kurz, ich liebe sie, weil sie ein Engel ist.«[1]

Dagegen möchte ich eine Annonce halten, die in einer schwäbischen Zeitung gestanden haben soll. Wir sollten über sie nicht nur schmunzeln, sondern sie als Ausdruck der uns so naheliegenden und üblichen »Meßmethoden« verstehen. »Ich, Bauer, 34 Jahre alt, suche auf diesem Wege dringend eine schaffige Frau mit Mähdrescher. Mähdrescher am besten: John Deer mit automatischer Ballenbündelung.«[2]

Hier stehen sich zwei Welten gegenüber. In dem Romanzitat begegnet uns ein Liebender, der nicht danach fragt, was der andere zu bieten hat, sondern der ihn liebt, so wie er ist, auch als Krüppel. Im Zeitungsinserat begegnet uns jemand, der den anderen danach beurteilt, was er leisten kann und zu bieten hat. Eine Ehe, die auf solchen Prinzipien aufgebaut ist, steht in der Gefahr, leer zu bleiben. Nur die Liebe macht Entdeckungen. Die Liebe entdeckt die Augen des anderen, das Herz, die Güte, die Sanftmut. Die Liebe entdeckt, daß der andere »ein Engel« ist, so wie es in dem Zitat so schön heißt. Wenn wir die Partnerwahl treffen allein nach der Frage, ob der Partner zu uns paßt, zimmern wir unserer Ehe ein sehr kleines Haus. Der Ehealltag wird sich dann bewegen zwischen den Erwartungen, die wir an den Partner haben, und der Erfüllung dieser Erwartungen. Wir setzen ihn damit unter einen beständigen Leistungsdruck. Das kann einfach nicht gutgehen. Die Liebe Gottes hingegen baut der Ehe ein großes Haus, ja ein Schloß. Sie entdeckt immer neue Schönheiten des anderen, immer neue Räume und Säle. Und im Laufe dieser Entdeckungsreise verändert sich der andere und wir selbst. Die Liebe ist eine schöpferische Macht.

2.7 Die Führung Gottes

Die Erfahrung, von Gott geführt zu werden, auf vorbereiteten Wegen zu gehen, ist das spannendste und zugleich persönlichste Geschehen in unserem Leben. Es ist nur als Glaubenswagnis erlebbar. Nur wenn wir wie David zu sprechen bereit sind: »Herr, zeige mir deine Wege und lehre mich deine Steige!« (Ps. 25,4) und Jesu gewaltigem seelsorgerlichen Rat folgen: »Trachtet zuerst nach dem Reich Gottes und nach seiner Gerechtigkeit, so wird euch alles andere zufallen« (Matth. 6,33), werden wir in das Glaubensgeheimnis eines geführten Lebens hineinwachsen können.

Jemand hat einmal gesagt, daß es Selbstfahrerchristen und Beifahrerchristen gibt. Beide sind im Glauben mit Christus verbunden, beide halten sich zur Gemeinde, beide forschen in der Schrift, beide lassen sich auch zum persönlichen Opfer rufen. Aber es liegt eine unsichtbare Scheidewand zwischen beiden Auffassungen von christlicher Existenz. Der Selbstfahrerchrist nimmt immer wieder selbst hinter dem Steuer seines Lebenswagens Platz. Jesus weist er den Beifahrersitz zu. Er beginnt jeden Tag mit dem Gebet, und er möchte den Segen Gottes niemals missen. Aber sein Gebet besteht darin, daß er sich für seine selbstgewählten Lebenswege den Segen Gottes erbittet. Anders der Beifahrerchrist. Er ist bereit, wirklich damit ernst zu machen, daß Christus sein Herr ist. Er läßt seinen Herrn ans Steuer und setzt sich selbst daneben. Sein Bemühen richtet sich darauf, keine eigenen Wege zu suchen. Er ist zutiefst kritisch gegen sich selbst.

Nur wenn wir unseren Herrn wirklich Herr sein lassen, wird uns die Freude eines geführten Lebens geschenkt. Wenn wir dagegen unsere Lieblingsgedanken und -wünsche pflegen, kommen wir nicht zu dieser wunderbaren Gewißheit. Wer auf Partnersuche geht, sollte deswegen niemals nur um »den Richtigen« oder »die Richtige« bitten, sondern sich zuerst prüfen, ob er sich wirklich leiten lassen will. Die Offenheit, wenn Gott es will, auf den selbstgewählten Partner zu verzichten, gehört zu den schwierigsten Lebenslektionen überhaupt. Bei Abraham finden wir diese Offenheit. Er entbindet nämlich seinen Knecht vom gemeinsam geleisteten Schwur, falls das Mädchen, das er findet, ihm nicht folgen will. Es hat überhaupt keinen Zweck, mit dem Kopf durch die Wand zu wollen. Es ist gut, wenn wir diese Offenheit und Gelassenheit lernen, die Abraham hier offensichtlich hatte.

Die Führung Gottes ist immer abenteuerlich und immer vielgestaltig. Sie kann so unmittelbar in unser Leben und Denken hineintreten, daß wir überwältigt sind. Sie kann uns aber auch Wartezeiten zumuten, ja sogar in Anfechtung führen. In solchen Wüstenwanderungszeiten, wenn wir nach bestem Wissen und Gewissen den Willen Gottes nicht erkennen können, dürfen wir auch um ein Zeichen des Himmels bitten. Dies hat Gideon im Alten Testament gewagt, und auch die Jünger haben nach dem Tode des Judas den zwölften Mann durch ein von Gott erbetenes Zeichen gefunden. Auch Abrahams Knecht erbittet ein Zeichen, als er in Mesopotamien angelangt ist. Wenn das Mädchen, das er um Wasser bittet, von sich aus auch die Kamele tränken will, will er darin den Willen Gottes erkennen. Gott geht auf diese Bitte ein. Damit schenkt er dem Knecht letzte Gewißheit, auf der gottgewollten Spur zu sein.

Diese Großzügigkeit Gottes, unserer Bitte nach einem Zeichen zu entsprechen, darf als ein Hinweis auf seine große Fürsorge verstanden werden. Er möchte uns ein erfülltes Leben schenken, und deswegen setzt er alles daran, uns auch seiner Führung gewiß zu machen. Die Bitte um ein Zeichen ist also legitim, aber unsere Offenheit, uns von Gott unsere eigenen Wünsche durchkreuzen zu lassen und ein Gespür für die große Gefahr, den Willen Gottes mit den eigenen Wünschen zu verwechseln, sind unerläßliche Voraussetzungen dafür.

2.8 Die Vorzüge Rebekkas

Wenn Gott einer Ehe seinen Segen schenkt, werden die beiden füreinander zu Gehilfen der Freude. Einem anderen Menschen wirkliche und dauerhafte Freude zu schenken, steht gar nicht in unserer Macht. Wir können aber Boten der Freude sein, die das Reich Gottes auszeichnet (Röm. 14,17). Wenn wir den anderen um seiner selbst willen lieben, wenn wir ihm helfen, nützen und dienen mit den Gaben, die Gott uns anvertraut hat, und wenn wir dabei ihm nicht nur irdisches Glück, sondern auch ewiges Heil vermitteln möchten, dann entzünden wir bei ihm die Freude des Himmels. Es gehört zum schönsten in der Ehe, wenn die Partner sich gegenseitig als solche Wegweiser zur Freude entdecken und schätzen lernen. Gott ist immer ein Gott der Fülle, er gibt nicht knauserig, sondern überreich. Jeder, der sich im Aufblick zu Gott in die Ehe führen läßt, darf davon ausgehen, daß Gott ihm Gaben anvertraut, mit denen er den Partner beglücken darf, und daß er dieses Glück auch von seinem Partner empfangen wird.

Wenn wir den biblischen Bericht von der Brautwerbung um Rebekka sorgfältig lesen, fallen uns drei besondere Vorzüge Rebekkas auf. Sie sind so grundsätzlicher Art, daß wir uns mit ihnen näher beschäftigen wollen.

2.8.1

Der Chronist unseres Berichtes vermerkt, daß Rebekka dem Wunsch des Knechtes nach Wasser »eilends« entsprach. Ebenso eilte sie, um die Kamele zu tränken. In dieser scheinbaren Nebenbemerkung drücken sich der Charakter und die Haltung des Mädchens aus. Sie kommt dieser Verpflichtung der Gastfreundschaft nicht träge und mürrisch nach, sondern sie hat offene Augen für die Situation von Mensch und Tier nach einer langen und anstrengenden Wüstenwanderung. Im Loblied auf die tüchtige Hausfrau, das uns in Sprüche 31 überliefert ist, heißt es in Vers 20: »Sie breitet ihre Hände aus zu dem Armen und reicht ihre Hand dem Bedürftigen«. Eine Frau, die offene Augen für die Notsituation der anderen und tätige Nächstenliebe besitzt, bringt eine sehr gute Voraussetzung für das Gelingen der Ehe mit.

2.8.2

Rebekka »war sehr schön von Angesicht«. Im biblischen Schöpfungsbericht steht, daß Gott seine Schöpfung »gut« bzw. »sehr gut« nannte. Das hebräische Wort, das hier mit »gut« übersetzt wird, hat ein breites Bedeutungsfeld. Es bedeutet vor allem schön und zweckmäßig in höchster Vollendung. Schönheit gehört zum Wesen Gottes, und deswegen erschafft Er auch seine Schöpfung »schön«. Schönheit erfreut und beglückt unsere Sinne und unser Herz. Sie ist ein Gruß der Herrlichkeit und Unvergänglichkeit Gottes. Die Schönheit der Schöpfung und auch die Schönheit einer Frau weist also immer über sich hinaus. Natürlich ist die Schönheit ein relativer Begriff. Sie hängt immer vom Maßstab des Betrachters ab. Wer den Maßstab der Illustriertenpresse anlegt, wird zu anderen Bewertungen kommen als jemand, der das Äußere als Spiegel des Inneren zu sehen gelernt hat. In unserem visuellen Zeitalter, in dem wir so stark Bildern ausgesetzt sind, die sehr verschiedenen Idealen entsprechen, brauchen wir klare Augen für die transparente Schönheit dieser Welt. Erst wenn es uns wieder gelingt, hinter der äußeren Schönheit die Schönheit Gottes zu entdecken, sind wir auf der richtigen Spur. Dann wird uns auch ein altes zerfurchtes Gesicht schön erscheinen, wenn wir in ihm Spuren der Liebe, Güte und Freundlichkeit entdecken. Wer auf Partnersuche geht, ist deswegen gut beraten, wenn er sich freimacht vom Schönheitsideal des Zeitgeschmacks und wenn er im äußeren Erscheinungsbild des anderen die Spuren der Wesenszüge Gottes sucht.

2.8.3

Als dritter Vorzug Rebekkas wird erwähnt, daß sie »noch von keinem Mann wußte«. Für die viele Jahrhunderte umfassende Zeit der biblischen Berichte stand es außer Frage, daß die Intimgemeinschaft von Mann und Frau ausschließlich in die Ehe gehört. Es gibt in der Bibel keinen Beleg dafür, daß die Intimgemeinschaft von befreundeten oder verlobten Paaren erlaubt war.

Jakob äußert zu seinem Schwiegervater Laban, daß er erst nach der Hochzeit mit Rahel sexuelle Gemeinschaft haben will (1. Mose 29,21). Maria, die Verlobte Josephs, spricht deutlich aus, daß sie »von keinem Mann weiß« (Luk. 1,34).

Die Frage sexueller Gemeinschaft vor der Ehe ist in unserer Zeit auch für Christen aktuell und bedrängend geworden. In einem großen Teil der Massenmedien wird vor- und außereheliche Intimgemeinschaft als Normalität hingestellt. Eine Flut sogenannter Aufklärungsliteratur berichtet über Verhütungsmethoden und propagiert gerade dadurch vor- und außereheliche Beziehungen. Ein Musterbeispiel dafür ist die Broschüre »Über den Umgang mit Liebe, Sexualität, Verhütung und Schwangerschaft« der »Bundeszentrale für gesundheitliche Aufklärung« (seit 1995).

Die negativen seelischen Folgen dieser Sexualisierung unserer Gesellschaft, besonders der Jugend, sind schwer absehbar. Die Fähigkeit, feste zwischenmenschliche Beziehungen aufzubauen, nimmt ab. Sexueller Egoismus auf Kosten des anderen wird allmählich zum Normalverhalten. Der Psychotherapeut Gerhard Hauer führt in seinem Buch *Sehnsucht nach Zärtlichkeit* aus, daß besonders Mädchen unter dieser immer mehr um sich greifenden egoistischen Haltung leiden. Aus Angst, den Freund zu verlieren oder der angeblichen gesellschaftlichen Norm nicht zu entsprechen, geben sie oft den sexuellen Wünschen des Partners nach. Im Blick auf diese Folgen spricht Hauer mit Recht von einem »Rückschritt in der menschlichen Entwicklung«[3].

Wie finden wir in dieser Problematik einen tragfähigen Standort jenseits von Prüderie und sexuellem Egoismus? Dieser Standort kann nur die Gottesliebe sein. Die Liebe, die stets das Beste des anderen im Auge behält, findet auch in dieser notvollen Frage einen guten Weg. Wenn der junge Mann, von dem in der Regel der stärkere sexuelle Impuls ausgeht, sich fragt, wie er seinem Mädchen in der Freundschafts- und Verlobungsphase am besten beistehen kann, dann wird er Einsicht und Kraft zur sexuellen Geduld empfangen. Wenn er sein Mädchen wirklich liebt, dann wird er ihr auch in sexueller Hinsicht das Beste gönnen, und das heißt, er wird seiner Geliebten das Erlebnis erfüllter Sexualität im geborgenen Schutzraum der Ehe schenken wollen. Wirkliche Liebe gibt immer das Beste, und das Beste in sexueller Hinsicht ist die Erfahrung des totalen persönlichen Angenommenseins in der Ehe. Erst die Ehe schenkt mir die Gewißheit, daß der andere mich wirklich total will, und nur in dieser Gewißheit ist sexuelle Erfüllung möglich.

Wenn heute auch unter Christen voreheliche Intimgemeinschaft diskutiert und praktiziert wird, so ist diese Tatsache eine traurige Bestätigung für die Ankündigung Jesu in seiner Endzeitrede, daß die Liebe in vielen erkalten wird (Matth. 24,12). Die Liebe sucht das Wohl, Glück und Heil des anderen. Sie will dem geliebten Partner optimale Geborgenheit, optimale Befriedigung und optimale Zärtlichkeit schenken. Sie sucht nicht die Befriedigung der eigenen sexuellen Interessen. Sie gibt dem anderen alles, was sie hat, das ganze Leben, ohne Vorbehalte. Die Ehe ist nichts anderes als der Ausdruck dieses Wunsches, den anderen total glücklich zu machen. Wem dieser Blick geschenkt wird, und wir alle dürfen Gott darum bitten, der wird dem anderen nichts Halbes geben wollen, wenn er ihm etwas Ganzes geben kann. Die Liebe Gottes eröffnet den Weg aus dem sexualisierten Klima unserer Zeit, das nach meiner Überzeugung von unglücklichen Menschen verbreitet wird und andere unglücklich macht.

2.9 Geschenkte Gewißheit

Die feste Gewißheit, in der Führung Gottes zu stehen, ist ein außerordentlich kostbares Geschenk. Wer sie empfangen will, braucht die Ruhe und Gelassenheit des Glaubens. Wenn ein See aufgewühlt ist, kann man nicht auf den Boden sehen. So ist es mit der Gewißheit. Wenn unsere Seele angefüllt ist mit Sorgen und Wünschen, überhören wir leicht die leise Stimme der Gewißheit. Wenn wir uns aber eingewöhnen in die stille Zweisamkeit mit Gott, werden wir seiner Wege mit uns gewiß. Jesus Christus sagt, daß er gekommen ist, uns das ewige Leben und volle Genüge zu bringen (Joh. 10,10). Ich bin davon überzeugt, daß zur vollen Genüge auch die Gewißheit gehört, auf rechter Straße geführt zu werden. Welch ein Vorrecht ist es für den Christen, mit der Überzeugung in die Ehe gehen zu dürfen, daß sein Ehepartner ihm von Gott selbst zugeführt wurde.

Betrachten wir nach diesen Überlegungen nun das Verhalten des Knechtes in unserer Geschichte. Nach seinem Herzensseufzer zu Gott begegnet ihm ein Mädchen am Brunnen, das sich in seinem Verhalten genauso erweist, wie er es sich erbeten hatte. Wir können uns lebhaft vorstellen, wie sein Herz schneller schlug. Aber nun beobachten wir etwas Merkwürdiges. Anstatt sofort von Gebetserhörung zu sprechen, hüllt sich der Knecht in Schweigen. Danach kommt es zu einer Begegnung mit Rebekkas Familie. Er wird zum Essen eingeladen, lehnt aber mit dem Hinweis ab, daß er erst seine Sache vorbringen will. Auch nach seiner Rede gibt er seine eigene Einschätzung der Situation nicht preis, sondern legt alles weitere in die Hände der Familie Rebekkas. Schließlich entscheiden der Vater und der Bruder des Mädchens, daß hier Gott am Werke sein muß, und sie geben – wie auch wenig später Rebekka selbst – die Einwilligung zur Heirat. Alle Beteiligten haben ein einschneidendes Erlebnis. Gott selbst hat zu ihnen gesprochen und sie seiner Wege gewiß gemacht. In großer Freude und Vorfreude wird nun die Rückreise angetreten.

Das Verhalten des Knechts ist sehr aufschlußreich. Wer die Führung Gottes erleben und Gewißheit erfahren will, braucht Geduld und die Kraft zur Gelassenheit. Selbst dort, wo eine augenscheinliche Gebetserhörung vorliegt, sollten wir zurückhaltend und selbstkritisch bleiben. Wie schnell werden die eigenen Wünsche mit dem Willen Gottes verwechselt! In geführten Lebenssituationen sollten wir auch unsere eigene Einschätzung nicht zu schnell äußern. Der andere könnte sich sonst leicht unter einen geistlichen Druck gesetzt sehen, der bei ihm die eigene Gewißheit der Führung verhindern kann.

Statt dessen dürfen wir warten, bis die Situation völlig ausgereift ist. Was Gott uns zugedacht hat, kann uns keine Macht der

Welt nehmen, es sei denn, unsere eigene Ungeduld. Verliebte Partner haben es in dieser Beziehung gewiß nicht leicht. Zu schnell gehen die Wünsche spazieren. Wie gut ist es da, wenn beide sich einander helfen, bis zur völligen Gewißheit zu warten. Dieses Warten ist gespannte Erwartung. Wer als Christ eine Freundschaft eingeht oder pflegt ohne dieses Ringen um Gewißheit, ist schlecht beraten. Die emotionalen Beziehungen und Bindungen gewinnen schnell ein Eigenleben, so daß die Gefahr droht, daß die Offenheit für Gottes Führung allmählich verlorengeht. Dann wird geheiratet, weil man sich aneinander gewöhnt hat. Aber die Glaubenserfahrung, von Gott selbst in die Ehe geführt zu sein, bleibt versagt.

2.10 Die Liebe wächst

Der biblische Bericht von der Brautwerbung um Rebekka endet mit der Erwähnung der Hochzeit. Dabei macht eine Beobachtung stutzig. Erst wird die Hochzeit erwähnt und danach die Liebe. Diese Reihenfolge erscheint uns seltsam, weil die Erfahrung das Gegenteil zu beweisen scheint. Nach der Hochzeit führt die Liebe in vielen Ehen meist nur noch ein kümmerliches Dasein, und oft ist von Liebe gar nicht mehr die Rede.

Wie großartig ist demgegenüber die hier bezeugte Reihenfolge. Die Liebe wächst aus der Ehe. Wo Gott sein segnendes Ja zu Mann und Frau in der Ehe spricht, da dürfen beide die Erfahrung machen, daß ihre Liebe zueinander nicht erkaltet, sondern beständig wächst.

Dies gilt auch für Ehen, die in eine ausweglose Lage geraten sind, wenn sie sich erneut oder zum ersten Mal konsequent der Hilfe Gottes anvertrauen. Ich lasse hier den Bericht eines Arztes folgen, der in seiner Ehe zum Trinker geworden war und durch einen bewußten Glaubensschritt einen neuen Anfang in seinem persönlichen Leben und in seiner Ehe gefunden hat.

»Zuerst empfing unsere reichlich strapazierte Ehe durch die gemeinsame Bibelarbeit mit Austausch und Gebet eine tragfähige Grundlage. Uns gegenseitig auszusprechen unter Hinhören auf das, was der Partner auch an unangenehmen Dingen zu sagen hatte, gelang noch nicht. Bald gab der Herr uns Christen, die uns halfen, über sie als vermittelnde Geschwister neu miteinander reden und zuhören zu lernen. Von da ab folgte eine Vielzahl von kleinen Schritten aufeinander zu – auf allen Ebenen. Gebete wurden 'plötzlich' erhört. Zum Beispiel wünschten wir uns beide noch ein Kind; es ist heute fünf Jahre alt. Vom Rauchen, welches meine Frau schon vor der Ehe gestört hatte und mich auch zunehmend störte, wurde ich durch ein Gebet augenblicklich befreit. Wir entdeckten und entdecken, daß wir viel mehr zusammengehören, als wir gedacht hatten. Vor allem wissen wir nun, daß wir bei auftretenden Nöten zwischen uns eine feste Basis haben, unseren Herrn Jesus Christus. Mit seiner Hilfe können wir sofort miteinander sprechen, uns vergeben, uns bessern. Mir tut es heute noch leid, daß ich erst so spät zum Herrn gefunden habe. Vielleicht weiß ich aber deshalb für mich besonders genau, daß ein Leben ohne den Herrn kein Leben ist, eine Ehe ohne ihn ein Zustand ohne die Annahme des verheißenen Segens ist. Die Mißachtung dieser Tatsachen hatte mich in Gleichgültigkeit, Mißverstehen, Egozentrik, Trinken, Verzweiflung und Selbstmordgedanken geführt.«

Die wachsende Liebe in einer gesegneten Ehe ist ein Geheimnis. Wir kommen diesem Geheimnis auf die Spur, wenn wir das Hohe Lied der Liebe in 1. Korinther 13 lesen. Die selbstlose Liebe, die ganz und gar den anderen meint, ist ein Gruß aus der Welt Gottes. Die ewige Herrlichkeit bei Gott wird von dieser Liebe geprägt sein. Deswegen schreibt der Apostel, daß sie »bleibt«.

Weil die Liebe der eigentliche Wesenszug Gottes ist, trägt sie eine schöpferische Kraft, unter der sich das geliebte Gegenüber und der Liebende selbst verändern. Die Liebe will nur eins: Helfen, heilen, dienen, nützen, dem anderen wohltun an Leib, Geist und Seele und ihn aus all seiner Not heraus- und zu Gott hinlieben. Alles auf dieser Welt verbraucht sich, wenn es eingesetzt wird. Anders die Liebe; sie verdoppelt und verdreifacht sich, je mehr sie wirkt. Was gibt es schöneres, als in dieser geschenkten

Liebe dem anderen helfen zu wollen und zu können und dabei zu erleben, daß er mir immer wichtiger und wertvoller, immer liebenswerter wird?

3. Die Ehe – eine gute Idee Gottes

Die Ehe ist keine menschliche Erfindung, sondern Gottes Gabe an die Menschheit. Sie ist die von Gott gewollte, seiner Weisheit und Liebe entspringende Form des Zusammenlebens von Mann und Frau, solange es Menschen gibt und solange es Menschen geben wird. Es gibt in Geschichte und Gegenwart keine menschliche Kultur ohne die Ehe. Das Verständnis der Ehe unterlag und unterliegt mannigfaltigen Veränderungen, aber das Wesen der Ehe als eine lebenslange und öffentlich-rechtlich geschützte Gemeinschaft eines Mannes und einer Frau hat sich bis heute erhalten. Der tiefste Grund für diese Langlebigkeit der Ehe ist nirgendwo anders zu suchen als in der Fürsorge Gottes für uns Menschen. Ohne die Ehe als kleinste und wichtigste Zelle menschlicher Gemeinschaft vermag nämlich die Menschheit nicht zu existieren.

Wenn wir die Ehe als Gabe Gottes auch für uns persönlich und unsere Zeit neu entdecken wollen, dann sind wir gut beraten, wenn wir in den uralten Dokumenten des biblischen Schöpfungsberichts und der Paradieserzählung in 1. Mose 1 und 2 nachforschen. Diese alten Berichte standen bei Jesus und den Aposteln in höchstem Ansehen. Sie galten ihnen als Offenbarungswort des lebendigen Gottes. Wo Jesus von der gottgewollten Form der Gemeinschaft von Mann und Frau spricht, beruft er sich auf diese beiden Kapitel der Bibel (Matth. 19,4-9). Paulus gründet sich an entscheidenden Stellen seiner Evangeliumsverkündigung, z.B. wo er von der Universalität des Sündenfalls (Röm. 5,12-19) oder von der Auferstehung (1. Kor. 15) spricht, ebenfalls auf die ersten Kapitel des 1. Buchs Mose. Wir betreten, wenn wir diese ältesten Dokumente der Menschheit ansehen, in der Tat heiliges Land.

3. Die Ehe – eine gute Idee Gottes

Den ersten Hinweis auf das Geschenk der Ehe finden wir in 1. Mose 1,26f. Am sechsten Schöpfungstag, als der Mensch als Mann und Frau erschaffen wurde, geschieht etwas höchst Bemerkenswertes. Bevor Gott den Menschen als sein Ebenbild erschafft, stellt er sich selbst als das Urbild vor. Er offenbart sich in seiner Trinität. Nichts anderes drückt der Plural aus: »Lasset uns Menschen machen«. Wer den Menschen kennenlernen will, muß zuvor Gott kennenlernen. Deswegen offenbart sich Gott schon im ersten Kapitel der Bibel in geheimnisvoller Weise als Gott Vater, Gott Sohn und Gott Geist. Damit ist etwas Entscheidendes ausgedrückt. Gott ist ein kommunikatives Wesen. Die drei Personen Gottes, in denen er existiert und sich offenbart, kommunizieren in unvorstellbarer inniger Weise miteinander, d.h. sie leben füreinander und sie teilen sich einander mit. Die Abschiedsreden Jesu im Johannesevangelium etwa lassen die innige Liebesbeziehung zwischen dem Sohn und dem Vater sowie zwischen dem Sohn und dem Geist erahnen. Wir Menschen sind Geschöpfe dieses trinitarischen Gottes. Wie unser Schöpfer sind auch wir kommunikative Wesen, die auf Gemeinschaft angelegt und angewiesen sind.

Ja, die ganze Schöpfung ist auf Beziehung und Fürsorge angelegt. Unser menschlicher Leib ist ein bestechendes Beispiel dafür. Gibt es da ein einziges Organ, das geschaffen wäre, um sich selbst zu dienen? Jedes einzelne Organ dient dem gesamten Organismus. So ist die Natur, so ist der ganze Kosmos angelegt. Wo dieses schöpfungsmäßige Füreinander beeinträchtigt und zerstört wird, beginnen die Katastrophen. Die weiter um sich greifende Zerstörung der menschlichen Umwelt ist ein schlagender Beweis für den Mangel an Erkenntnis dieser schöpfungsmäßigen Zusammenhänge.

So wirft also schon die Selbstvorstellung Gottes in 1. Mose 1,26 ein Licht auf die Ehe. Der Mensch ist nicht für sich selbst, sondern für den anderen erschaffen. Er ist darauf angelegt, im Du seine eigene Lebenserfüllung zu suchen und zu finden, und zwar im Du der Eltern, im Du des Lebenspartners, im Du der Gemeinde und schließlich im ewigen Du Gottes. Ehe, Familie und Gemeinde sind also im tiefsten Einübungsfelder in die ewige Gemeinschaft des Menschen mit seinem Schöpfer.

Nachdem sich Gott als das Urbild des Menschen vorgestellt hat, hebt er ihn aus der gesamten Schöpfung mit dem einmaligen Würdetitel »Ebenbild« heraus. Was bedeutet die Ebenbildlichkeit des Menschen? Hierüber wurden schon Bibliotheken geschrieben. Generationen von Theologen arbeiteten an dieser Frage. Wir können uns hier mit dieser Diskussion nicht befassen. Ich möchte zum Verständnis des Begriffs »Ebenbild« zunächst auf die hebräische Wortbedeutung hinweisen. Das hebräische Wort bedeutet »Abbild, Abbildung, Skulptur«. Eine Skulptur hatte in der Kultur des alten Orients die Funktion der Repräsentanz. Sie repräsentierte das Dargestellte. Hier finden wir den Schlüssel zum Verständnis der Ebenbildlichkeit. Der Mensch ist geschaffen und berufen, Gott zu repräsentieren, Gottes Wesen, seine Liebe und Fürsorge in diese Welt hineinzutragen. Am Menschen soll man ablesen können, wer Gott ist. Wir sind hier am Nerv des Mensch- und Christseins überhaupt. Zu welchem Zweck sind wir geschaffen? Paulus sagt es so: Damit wir etwas seien zum Lob der Herrlichkeit Gottes (Eph. 1,12). Wir sehen, wie eng sich hier Altes und Neues Testament verzahnen.

Der Schöpfungsakt Gottes ruft den Menschen in seine Lebensaufgabe, Gottes Wesen in dieser Welt abzubilden, ihn zu repräsentieren. Dieser Aufgabe wird der Mensch nicht gerecht. Er sucht sich selbst mehr als Gott und den Nächsten. Er ist reduziert auf sich selbst, um mit Hermann Bezzel zu sprechen. Da der Mensch weder den Willen noch das Vermögen hat, aus dieser Situation herauszufinden, liegt seine einzige Chance darin, durch Gott erlöst zu werden. Nur dann vermag er wieder zum Ebenbild Gottes zu werden. Das Erlösungswerk Gottes in Christus stellt uns, wenn wir es im Glauben annehmen, unter die Wirksamkeit des Heiligen Geistes. Der Heilige Geist aber will nichts anderes als uns umgestalten zum Bilde Christi. Die Frucht des Geistes, von der Paulus in Galater 5,22 spricht, ist in ihren verschiedenen

Ausprägungen nichts anderes als eine Beschreibung der Wesenszüge Christi. Wenn der Geist an uns arbeitet, dann prägt er diese Wesenszüge in uns ein, dann verändert er uns so, daß wir unserem Schöpfungsauftrag wieder gerecht werden können.

In 1. Mose 1,26 wird die Repräsentanz im Begriff des »Herrschens« zusammengefaßt. Um dieses Wort richtig verstehen zu können, ist eine Begriffshygiene nötig. Wir müssen uns nämlich von all dem befreien, was wir unter Herrschen verstehen. Unsere Anschauung ist geprägt von unserer Erfahrung, und was das Herrschen betrifft, so denken wir normalerweise dabei an Machtausübung und Unterdrückung. Aber hier im Schöpfungsbericht ist etwas ganz anderes gemeint. Hier bedeutet Herrschaft nicht Unterdrückung, sondern liebevollste Fürsorge. In der *Herr*schaft Gottes drückt sich seine *Herr*lichkeit aus. Wer die Herrschaftsweise Gottes kennenlernen will, der sollte z.B. das prophetische Wort in Jesaja 40,1-11 lesen. Dort erhebt Jerusalem einen Jubel über die Herrschaft Gottes. In Vers 11 wird deutlich, wie Gott herrscht, nämlich wie ein Hirte, der die Lämmer in seinem Arm sammelt. Einige Kapitel später schaut der Prophet Freudenboten, die Zion Frieden und Heil verkündigen und ihre Botschaft in dem Ausruf zusammenfassen: Dein Gott ist König (Jesaja 52,7). Für das biblische Eheverständnis ist es von fundamentaler Bedeutung, daß wir das Herrsein und das Hauptsein des Mannes, von dem noch ausführlich die Rede sein wird, von dieser Herrschaftsweise Gottes her ableiten. Ich fasse zusammen: Herrschen heißt lieben und in Verantwortung Fürsorge übernehmen. Das ist die Bestimmung des Menschen. Das ist die Bestimmung von Mann und Frau. Das erste und das letzte Wort der Bibel über den Menschen sind inhaltlich identisch. In 1. Mose 1,26 wird er zur Herrschaft gerufen, und in Offenbarung 22,5 heißt es vom Menschen in der neuen Welt Gottes: Sie werden regieren von Ewigkeit zu Ewigkeit.

Wir wollen den Schöpfungsbericht nicht verlassen, ohne uns noch einmal die Bilanz Gottes vor Augen zu stellen, die er am sechsten Schöpfungstag zieht. Nach der Erschaffung von Mann und Frau nennt Gott seine Schöpfung »sehr gut«. Im Hebräischen heißt dies vollendet schön und vollendet zweckmäßig. Das muß uns zu denken geben. Gott selbst nennt den Mann und die Frau sehr gut. Unsere Leiblichkeit, die Kräfte der Seele, also Verstand, Gefühl und Wille, das Gewissen, all dies ist im höchsten Maße gut geschaffen. Es ist so wichtig, daß wir diese Tatsache wieder entdecken und damit die Weisheit und Liebe Gottes, die er investiert hat, als er uns schuf.

Mann und Frau befinden sich heute in einer Identitätskrise riesigen Ausmaßes. Wer weiß noch, was es heißt, ein Mann oder eine Frau zu sein? Wie viele sind unversöhnt mit ihrer Geschlechtlichkeit. Wie viele suchen ihre Identität in einer Angleichung an das andere Geschlecht. Wie gut tut es da zu wissen: Du bist, so wie du geschaffen bist, mit deinen leiblichen und seelischen Anlagen, ein Produkt der liebenden Fürsorge und der Weisheit Gottes. Darüber darfst du ins Staunen kommen wie David, als er den 139. Psalm betete. »Ich danke dir, daß ich wunderbar gemacht bin« (Psalm 139,14). Was gibt es nicht alles für Sprüche unter uns, in denen das eine Geschlecht dem anderen eins auszuwischen versucht. Da ist z.B. die Rede von mangelnder Intelligenz der Frauen oder vom gefühlskalten Mann. »Sehr gut« nennt Gott das Mannsein und das Frausein. Wir sollten es wieder nachzubuchstabieren lernen.

Wir wenden uns nun dem zweiten Kapitel des Schöpfungsberichtes zu. Hier gibt es eine bedeutsame Rückblendung. Adam, zu deutsch: Der aus Erde Gemachte, der erste Mann ist erschaffen, aber er ist noch allein. Nun muß man die Erzählung sorgfältig verfolgen. Es ist nicht Adam, der seine Einsamkeit entdeckt, sondern Gott. Wir sind Geschöpfe, die sich selbst niemals ausloten können. Wir tragen Veranlagungen, Wünsche und Triebe, deren Herkunft und Ziel uns unbekannt sind. »Die Welt ist tiefer, als der Tag gedacht«, wie Nietzsche in einem tiefen Wort bemerkt. Gott selbst ergreift hier die Initiative. Er weiß, daß Adam ein Du braucht. Menschsein heißt ein Du brauchen.

An nichts krankt unsere Zeit so sehr wie an der Beziehungslosigkeit. Jedes Eheseminar, das ich zusammen mit meiner Frau durchführe, bestätigt diese Feststellung. Immer wieder kommt da zum Vorschein: »Wir sprechen zu wenig miteinander.« Die große Zahl der Scheidungen, die wachsende Zahl nichtehelicher, also vorübergehender Beziehungen – sind sie nicht Ausdruck einer furchtbaren Beziehungskatastrophe? Ich will hier noch eine andere Beobachtung anfügen. Unsere Sprache ist ja viel mehr als nur ein Informationsträger. Sie spiegelt immer auch die Lebensanschauung eines Volkes wider. Mir fällt auf, daß das Wort »Selbst« im Vormarsch ist. Die Psychologen sprechen von Selbstannahme. Die Selbstbedienung setzt sich immer mehr durch. Selbsthilfegruppen entstehen. Selbstverwirklichung ist ein attraktiver Begriff geworden. Diese Begriffe sind Signale, man könnte auch Notschreie sagen. Wenn sich der Mensch nicht mehr von seinem Nächsten und von Gott angenommen glaubt, sucht er seinen Frieden in der Selbstannahme. Wenn er niemand sieht, der ihm dient, so meint er, sich selbst bedienen zu müssen. Wenn er keine Hilfe mehr erfährt, sucht er Abhilfe in der Selbsthilfe. Und wenn ihm die Verwirklichung seiner Persönlichkeit in der Beziehung zu anderen nicht gelingt, dann sucht er sein Heil in der Selbstverwirklichung.

Wir sehen, wie aktuell die Bibel ist. Was Gott damals an Adam feststellte, ist unser aller Problem. Wir sind auf ein Du angelegt und angewiesen, und solange wir dieses Du nicht finden, bleiben wir einsam und unzufrieden, friedlos. Wer das verstanden hat, wird den Vers 1. Mose 2,18 als frohe Botschaft, als Evangelium hören. Gott schenkt uns ein Du.

»Es ist nicht gut, daß der Mensch allein sei; ich will ihm eine Hilfe machen, die ihm entspricht.« Wie die Diagnose, so stimmt auch die Therapie Gottes. Er schenkt Adam Hilfe. Luthers Übersetzung »Gehilfin« ist heute mißverständlich. Bei diesem Wort denken wir eher an eine schlechtbezahlte Aushilfsstelle. Gemeint ist aber eine umfassende und grundsätzliche Hilfe zur Lebensbewältigung. Der hebräische Begriff wird oft verwendet, wo von der Hilfe Gottes die Rede ist: Psalm 33,20 »Unsere Seele harrt auf den Herrn, *er ist unsere Hilfe* und Schild« oder Psalm 121,2 »*Meine Hilfe kommt vom Herrn*, der Himmel und Erde gemacht hat«. Das Wort Hilfe ist im Schöpfungsbericht ein Programm. Die Frau soll, sie darf und sie kann ihrem hilfsbedürftigen Mann eine Hilfe für sein ganzes Leben sein. Wohl dem Mann, der das begreift, daß er in seiner Frau eine ihm von Gott geschenkte individuelle Hilfe hat.

Inwiefern vermag die Frau ihrem Mann zu helfen? Hier ist zunächst von der wesensmäßigen Verschiedenheit von Mann und Frau zu sprechen. Wenn die Frau nur ein Spiegelbild des Mannes wäre, könnte sie ihm keine Hilfe sein. Dann wäre sie nichts weiter als eine Verdoppelung seiner Person, hätte in allen Fragen dieselbe Ansicht und würde ihn von früh bis spät nur bestätigen.

Aber die Frau ist zum Glück in ihrem Wesen anders als der Mann. Beide sind gleichwertig, aber nicht gleichartig. Beide bewältigen ihr Leben anders. Der Mann trifft im allgemeinen seine Entscheidungen stärker verstandesmäßig-prinzipiell, die Frau stärker emotional-intuitiv. Der Mann lebt und denkt stärker sachbezogen, dic Frau stärker personbezogen. Der Mann hat einen stärkeren Sinn für Ursache und Wirkung einer Situation, die Frau kann sich stärker in den Charakter und die Einmaligkeit eines Geschehens hineinversetzen. Die Weltbewältigung des Mannes ist stärker aktiv-gestaltend, die der Frau stärker aufnehmend - verinnerlichend.[4]

Ich möchte die wesensmäßigen Unterschiede von Mann und Frau an einem Beispiel verdeutlichen. Ich beobachte in unserem Familienalltag immer wieder, daß meine Frau in der Kindererziehung eine etwas andere Sicht und damit auch Praxis hat als ich selbst. Wenn ein Kind bei Tisch sein Essen nicht aufißt, gehe ich im allgemeinen prinzipiell vor. Ich habe den Grundsatz »bei uns wird aufgegessen«, und diesem Grundsatz versuche ich Geltung zu verschaffen. Die näheren Umstände, warum das Kind nicht aufißt, interessieren mich dabei nur am Rande.

Anders ist es bei meiner Frau. Sie geht viel stärker auf die jeweilige Situation ein. Sie erinnert sich etwa, daß das Kind schon vor der Mahlzeit etwas gegessen hat. Oder sie meint, daß sie vielleicht zuviel auf den Teller gegeben habe. Oder sie befürchtet eine Magenverstimmung beim Kind. In jedem Fall bringt sie der jeweiligen Situation mehr Verständnis entgegen. Auf der anderen Seite gerät sie aber dadurch in die Gefahr, für die Erziehung wichtige Grundsätze zu vernachlässigen.

Ich halte diese unterschiedliche Sicht für außerordentlich fruchtbar. Wir beide, meine Frau und ich, erfassen jeder für sich die Lebenswirklichkeit mit unserer speziellen Sicht nicht. Aber im Zusammenklang unserer unterschiedlichen Auffassungen kommen wir ihr näher. Wichtig ist nur, daß wir uns beide mit unseren Ansichten nicht verabsolutieren. Im Hören aufeinander, im Ernstnehmen des anderen und im Zusammenklang der unterschiedlichen Ansichten wird ein gangbarer Weg gefunden.

Die Ehe ist ein Zusammenklang unterschiedlicher Töne. Wer das verstanden hat, daß die Schönheit und der Reichtum der Ehe gerade im Aushalten der Unterschiede besteht, der wird diese Unterschiede nicht einebnen wollen. Die Langeweile in vielen Ehen hat hier eine ihrer Hauptursachen. Die Ehepartner wollen ihre Unterschiede nicht stehenlassen, sondern kämpfen darum, daß der jeweils andere die eigenen Ansichten übernimmt.

Ich fasse zusammen, wie die *Hilfe der Frau für ihren Mann* aussehen kann. Sie hilft ihm, indem sie ihm mit Rat und Tat zur Seite steht und dabei ihre weibliche Sicht einbringt. Sie hilft ihm, indem sie ihn dort korrigiert, wo er in die Gefahr einseitiger Urteile, der Prinzipienreiterei und damit falscher Entscheidungen gerät. Sie hilft ihm, indem sie ihm häusliche Geborgenheit, liebevolle Zuwendung und leibliche Zärtlichkeit schenkt. Sie hilft ihm, wenn sie ihn an seine Verpflichtung erinnert, sich für die Familie ganz hinzugeben und einzusetzen. Wenn die Frau erkannt hat, wie umfassend ihre Hilfe sein kann, und wenn der Mann sich genauso umfassend helfen läßt, dann wird sie im »Hilfesein« eine anspruchsvolle Lebensaufgabe entdecken.

Nun möchte ich noch auf einige andere Aspekte unseres Verses eingehen. Ich meine, daß mit ihm die lebenslange Einehe begründet ist. Hilfe im vollen Sinn des Wortes kann die Frau nämlich ihrem Mann nur dann sein, wenn er nicht befürchten muß, daß sie ihn wieder verläßt. Es ist die Tragik der nichtehelichen Beziehungen, daß beide Partner in ihnen keine volle Geborgenheit erleben können. Wenn ich als Mann in der Angst leben muß, daß meine Partnerin mich morgen wieder verlassen kann, dann ist sie mir eigentlich keine Hilfe zum Leben. Wenn ich als Frau mit der Sorge leben muß, daß mein Partner mich bald wieder verlassen könnte, dann weiß ich mich nicht voll und ganz geliebt. Nur diejenige Frau, die bereit ist, ihrem Mann lebenslang zur Seite zu stehen und diese Bereitschaft auch verbindlich, d.h. öffentlich-rechtlich ausdrückt, kann ihrem Mann eine echte Hilfe sein. Nur der Mann, der bereit ist, seiner Frau lebenslang die Treue zu halten und diese Bereitschaft in öffentlich-rechtlicher Form ausdrückt, kann ihr das Maß an Geborgenheit geben, das sie sucht und braucht. Insofern ist in unserem Gotteswort 1. Mose 2,18 die Ehe auf Lebenszeit unausgesprochen gemeint.

Nun noch ein zweiter Aspekt. Gott will Adam *eine* Hilfe zur Seite stellen. Man könnte etwas salopp sagen, daß Adam mehr als eine Rippe zu bieten hatte und daß Gott ihm ohne weiteres mehrere Frauen hätte erschaffen können. Aber Gott schenkt ihm eine einzige Frau. Wir Menschen suchen im tiefsten nicht wechselnde Beziehungen, sondern ein beständiges Du. Wir sind zeitliche Wesen und suchen die Ewigkeit. Die Ehe vermag uns eine vorläufige, zeichenhafte Erfüllung dieses Suchens zu schenken, aber nur, wenn uns ihre Exklusivität aufgeht. Nur im ausschließlichen Bezogensein auf den einen Partner erschließt sich die Ehe als Wegweiser zur Ewigkeit. Die Ewigkeit ist im höchsten Maß exklusiv. Als erlöste Menschen werden wir in der Ewigkeit ausschließlich Gott gehören.

Was Gott spricht, das geschieht (Psalm 33,9). Die Frau wird erschaffen. Im Hebräischen wird an dieser Stelle 1. Mose 2,22 der Begriff »bauen, formen« verwendet. Gott erschafft die Frau nicht wie den Mann aus Erde, sondern aus dem Leib des Mannes. Wenn wir die Erkenntnisse der modernen Psychosomatik ernstnehmen, dann erscheint dieser Vorgang, den jemand mit Recht die erste Operation genannt hat, in einem neuen Licht. Es ist nicht nur die Leiblichkeit des Mannes, aus der die Frau geformt wird, sondern es ist sein Wesen. Seele und Leib gehören zusammen, eins ist nicht ohne das andere. Die Frau ist also ein Teil vom Wesen des Mannes. Zur Vervollkommnung seines Wesens ist er fortan auf die Frau angewiesen.

In der Erschaffung der Frau aus dem Leib des Mannes haben wir die tiefste Ursache für die alles überwindende beiderseitige Anziehungskraft der Geschlechter zu suchen. Nur dort, wo Gott selbst das Charisma der Ehelosigkeit schenkt, vermag ein Mensch diese schöpfungsmäßige Zuordnung der Geschlechter zu verlassen. Dann schenkt Gott selber die notwendige Ergänzung zum eigenen Wesen. Aber von dieser Ausnahme abgesehen, gelangt der Mensch zum vollen Menschsein erst in der Begegnung mit dem menschlichen Du. Wer sich dieser Begegnung bewußt oder unbewußt verweigern und entziehen will, gerät in eine Gefahrenzone. Er kommt in Gefahr, in seinem Denken, Wollen und Fühlen einseitig zu werden und sich darin zu verabsolutieren.

Adam ist der Ersterschaffene. Diese klar bezeugte Tatsache hat Konsequenzen für unser Eheverständnis, wenn wir es an der Bibel ausrichten wollen. Als der Ersterschaffene, den Gott den Weg des Lebens gewiesen und den er vor dem Weg des Todes gewarnt hatte (1. Mose 2,15-17), stand Adam in der Verpflichtung, seiner ihm geschenkten Frau mit Liebe und Fürsorge zu begegnen und sie auf den Weg des Lebens zu führen. Das ist der Sinn des biblischen Begriffs »Haupt«, den Paulus im Blick auf den Mann verwendet. Der Mann ist das Haupt der Frau (1. Kor. 11,3). Das bedeutet, daß er sich um seine Frau so wie ein Haupt um den Leib kümmern soll. Wir werden im 5. Kapitel dieses Buches noch darüber nachdenken. Die Bibel kennt also eine eindeutige Liebes-, Fürsorge- und Leitungsverantwortung des Mannes.

Die Ehekonzeption der biblischen Schöpfungsdokumente wäre unvollständig dargestellt, wenn wir uns nicht noch der fundamental wichtigen Aussage in 1. Mose 2,24 zuwendeten. »Darum wird der Mann Vater und Mutter verlassen, seiner Frau anhangen, und die zwei werden ein Fleisch sein«. Es wurde schon oft bemerkt, daß diese wenigen Worte eine ganze Eheschule beinhalten. Ich möchte hinzufügen, sie enthalten auch eine Ehetherapie. Wir finden hier zuverlässige Leitlinien für die Gestaltung und für die Heilung unserer Ehen. Ich möchte den Vers in vier Abschnitten auslegen.

3.1 »Darum«

Dieses »Darum« muß auf die unmittelbar zuvor berichtete Erschaffung der Frau aus dem Mann bezogen werden. Weil Gott dabei tief in den Leib und damit in das Wesen des Mannes eingegriffen hat, fehlt dem Mann nun etwas zu seinem Glück: seine Frau. Er verläßt die stärkste soziale Bindung, die es für ein Kind gibt, sein Elternhaus, und gründet mit seiner Frau eine neue Gemeinschaft. Der Drang der Geschlechter zueinander ist also schöpfungsbedingt und gottgewollt. Dabei sollten wir beachten, daß hier der Mann angesprochen wird. Ihm kommt aufgrund seiner wesensmäßigen stärker aktiven Veranlagung auch die aktive Suche nach seinem Lebenspartner zu. Damit ist nicht gesagt, daß ein Mädchen nicht nach ihrem Mann suchen soll. Aber ihr Suchen trägt einen anderen Charakter. Der Mann sucht, indem er eine Beziehung aufbaut, das Mädchen sucht, indem sie die Beziehung emotional-intuitiv prüft.

Der *Mann*, nicht der Junge, soll Vater und Mutter verlassen. Wo liegt der Unterschied zwischen dem Jugendlichen und dem Mann? Gewiß nicht zuerst im Alter oder in der körperlichen Reife. Als David seinem Sohn Salomo das Königtum überträgt, gibt er ihm folgenden Wunsch mit auf den Weg: »So sei getrost und sei ein Mann und diene dem Herrn, deinem Gott, daß du wandelst in seinen Wegen und hältst seine Satzungen, Gebote, Rechte und Ordnungen, wie geschrieben steht im Gesetz des Mose, damit dir alles gelinge, was du tust und wohin du dich wendest« (1. Kön. 2,2.3). Hier empfängt das Mannsein eine geistliche Dimension. Mann ist also derjenige, der sich an Gott bindet und ihm gehorsam ist. Wir werden im siebenten Kapitel sehen, wie verhängnisvoll es sich auswirkt, wenn das Mannsein nicht mehr in der geistlichen Dimension gesehen wird.

3.2 »Seinen Vater und seine Mutter verlassen«

Natürlich ist dieses Verlassen zunächst räumlich gemeint. Der junge Mann baut sich zusammen mit seiner Frau eine neue Existenz auf. Aber der räumliche Aspekt ist nicht der entscheidende für das Gelingen einer Ehe. Viel wichtiger ist es, daß die Eltern den Sohn freigeben und der Sohn die Eltern freigibt (das gleiche gilt auch für die Beziehung der Frau zu ihren Eltern). Das Freigeben ist also in doppelter Richtung nötig.

Betrachten wir zunächst die Eltern, die ihr Kind freigeben müssen. Wieviel Not wird doch in die jungen Ehen hineingetragen von Eltern, die – oft in guter Absicht – ihr Kind weiterhin erziehen wollen, obwohl es schon längst verheiratet ist. Die Eltern müssen lernen, daß ihr Kind mit der Ehe in eine andere, in eine noch intensivere Lebensgemeinschaft eingetreten ist, als es die elterliche Familie war. Und wenn die Eltern sich mit dieser Freigabe zu schwer tun, dann kann es manchmal sein, daß ihr Kind ihnen dabei helfen muß.

Als ein Beispiel für eine solche liebevolle Hilfe, welche die Grenzen des 4. Gebotes nicht durchbrechen darf, möchte ich zusammenfassend wiedergeben, was ich einmal in einem Vortrag von Irmela Hofmann hörte, die als Autorin von Veröffentlichungen zur Jugend- und Eheseelsorge bekannt geworden ist. Sie erzählte, wie sie als junge Ehefrau darunter litt, daß ihre Schwiegermutter bei jedem Besuch in bester Absicht Ratschläge zur Wohnungseinrichtung oder zum Kochen erteilte. Da sich diese Ratschläge beim nächsten Besuch wiederholten, wenn sie nicht befolgt wurden, entstand immer eine belastete Atmosphäre, wenn die Schwiegermutter kam. Eines Tages, als seine Mutter wieder einmal zu Besuch gekommen war, faßte ihr Mann Mut und tat folgendes: Als die Mutter dabei war, wieder ihre Ratschläge zu erteilen, stand er wortlos auf, holte die Autoschlüssel und legte sie schweigend vor der Mutter auf den Tisch. Dann gab er ihr freundlich, aber auch deutlich zu verstehen, daß er sie sofort zurück zum Bahnhof bringen würde, wenn sie ihre guten, aber nicht erbetenen Ratschläge weiterhin erteilen wolle. Laut Aussage Frau Hofmanns hat dieses Einschreiten geholfen. Die Mutter sah ihren Fehler ein, und es kam zu einem neuen, herzlichen Miteinander, indem nun die junge Frau die Freiheit bekam, von sich aus ihre Schwiegermutter um Rat zu bitten.

Natürlich ist es ein schmerzhafter Prozeß, wenn die Eltern, und besonders die Mutter, die mit ihrem Kind meist noch intensiver verbunden ist, diese Freigabe lernen müssen. Sie wollen ja in der Regel das Beste ihres Kindes, das inzwischen ein Ehemann oder eine Ehefrau geworden ist, und da fällt es schwer, die eigene Erfahrung nicht immer einbringen zu können.

In dieser Situation hilft auch ein Blick auf die Gestalt der Hanna im Alten Testament, von der wir am Anfang des 1. Samuelbuches lesen können. Sie hatte lange Jahre um ein Kind gebetet. Nachdem sie den kleinen Samuel von Gott geschenkt bekommen hatte, mußte sie ihn, getreu ihrem Gelübde, kurz nachdem er entwöhnt war, in das Haus des Priesters Eli abgeben. Was das für diese Frau bedeutet haben muß, kann man ermessen, wenn man den Zusammenhang liest. Die Söhne des Priesters waren alles andere als Vorbilder priesterlichen Dienstes. Sie vergingen sich am Opferfleisch, sie hurten, und sie waren ihrem Vater ungehorsam. In eine solche Umgebung mußte Hanna ihren Sohn stellen. Sie konnte es, weil sie ihn mit ihren Gebeten begleitete. Betende Eltern dürfen es wissen, daß Gott ihrem Kind allemal näher ist als alles andere. In der Gebetshaltung der Hanna wird es den Eltern gelingen, ihr Kind vollständig freizugeben. Damit tragen sie entscheidend zum Gelingen seiner Ehe bei.

Aber auch in der anderen Richtung muß eine Freigabe erfolgen. Das Kind muß sich von seinen Eltern innerlich lösen. Wer die Ehe schließt, tritt damit in das innere Gesetz der Ehe ein. Und einer der vorrangigen Ehegrundsätze lautet: Dein wichtigster Gesprächspartner, dein wichtigster Ratgeber ist nun dein Ehepartner. So hilfreich die Erfahrung der Eltern, so wohlmeinend der Rat des Freundes, so nützlich der Tip des Arbeitskollegen sein mag, in der Ehe muß jeder zurücktreten hinter den Ehepartner.

Ich habe von einem jungen Mann gehört, der durch sein unbedachtsames Verhalten beinahe seine Ehe zerstört hätte. Er wohnte zusammen mit seiner Frau im Hause der Eltern. Die Eltern wohnten unten, er wohnte mit seiner Frau im ersten Stock. Er hatte sich angewöhnt, jeweils nach Arbeitsschluß zunächst einige Minuten zu seiner Mutter zu gehen, die ihm in ihrer mütterlichen Liebe den besten Kaffee servierte und an seinen Sorgen und Freuden interessiert Anteil nahm. Unterdessen wartete seine Frau in der oberen Wohnung auf ihn. Zunehmend entwickelte sie einen Groll gegen ihre Schwiegermutter und dann schließlich auch gegen ihren Mann. Wenn es nicht in letzter Minute beim Mann zur Einsicht seines Fehlverhaltens gekommen wäre, so hätte buchstäblich die tägliche Tasse Kaffee diese Ehe zerstört. Wie praktisch und zeitnah sind doch die biblischen Ratschläge.

Ich möchte zu diesem Punkt noch ein besonderes Problem ansprechen, das sich auch ehebelastend auswirken kann. Viele junge Paare gehen heute nicht nur mit einem erheblichen elterlichen Startkapital in die Ehe, sondern erhalten auch eine regelmäßige finanzielle Zuwendung von den Eltern. Bei Studentenehen kommt oft noch ein staatliches Stipendium dazu.

So dankenswert diese Unterstützungen sind, sie bergen auch Probleme in sich. Es tut einer Ehe auf Dauer nicht gut, wenn sie nur dank einer äußeren Zuwendung aufrechterhalten werden kann. Leicht entsteht ein unterschwelliger Druck oder eine Abhängigkeit. Die Weisheit der Bibel kennt auch dieses Problem schon. In Sprüche 24,27 heißt es: »Richte erst draußen deine Arbeit aus und bearbeite deinen Acker, danach gründe dein Haus.« Die Abhängigkeit der Ehe von äußerer Unterstützung kann gewiß unumgänglich sein, aber es ist dann gut, wenn beide Partner sich darüber einig sind, daß es sich um einen Notstand handelt, der baldmöglichst überwunden werden sollte.

3.3 »Seiner Frau anhangen«

Die biblische Ehekonzeption schenkt uns tragfähige Leitlinien, sie ist aber gleichzeitig höchst individuell. So wie Adam eine zu ihm passende Frau geschenkt bekam, so darf jeder Heiratswillige und jeder Verheiratete im Glauben wissen, daß Gott immer Maßarbeit leistet und daß er viele Wege hat, uns den »richtigen« Partner zur Seite zu stellen. Manchmal höre ich den Einwand: »Ja, das ist gut und schön, wenn man sich im Glauben den Partner zeigen läßt und dann heiratet. Aber was ist mit denen, die sich ihren Partner eigenwillig ausgesucht haben und wo es sich im Verlauf der Ehe herausgestellt hat, daß sie »den falschen Griff« getan haben?«

Auch hier ist der Glaubensblick nötig. Wir glauben an einen schöpferischen Gott, der das, was nicht ist, ruft, daß es sei (Röm. 4,17). Gott hat Wege, auch in einer eigenmächtig eingegangenen Ehe Glauben und Liebe zu schenken, so daß der Partner zum »richtigen« Partner wird. Die Liebe schafft Wunder. Aber Gott will gebeten sein. Es gibt für ihn keine ausweglosen Situationen. Wenn wir zu ihm kommen, macht er steinige Wege nicht nur begehbar, sondern auch sinnvoll und zielgerade. Es ist ein Geheimnis, daß der Glaube dies erfahren und sprechen kann: Unter den unüberschaubar vielen Menschen dieser Erde hat Gott mir denjenigen zur Seite gestellt, der genau für mich der richtige ist.

Was heißt »anhangen«? Das hebräische Wort meint »ankleben«. Damit ist die feste, unlösbare Gemeinschaft gemeint, die durch die Ehe begründet wird. Der Mann »klebt« sich, wenn er in die Ehe eintritt, unlösbar an seine Frau. Wir hatten in der Auslegung von 1. Mose 2,18 festgestellt, daß dieses Gotteswort die Ehe als eine lebenslange, feste Gemeinschaft definiert. Mit dem Begriff »ankleben« wird genau dieser Sachverhalt beschrieben. Wer in die Ehe eintritt, klebt sich unlösbar auf Lebenszeit an den anderen. Wer mit gutem Leim zwei Bogen Papier aneinanderklebt, wird es schnell merken. Die beiden Bogen sind unlösbar miteinander verbunden. Wer sie zu lösen versucht, riskiert es, die beiden Bogen zu zerreißen. Mit dem »Anhangen« ist also die der Ehe innewohnende »Klebkraft« gemeint, durch welche die Eheleute zeitlebens an Leib, Geist und Seele miteinander verbunden werden. Diese Klebkraft der Ehe ist eines ihrer großen Geheimnisse. Sie ist ihr von Gott mitgegeben, sozusagen als Gruß des Himmels, denn nur durch ihre Beständigkeit und lebenslange Dauer vermag die Ehe ein Hinweis auf die ewige und unverbrüchliche Gemeinschaft des erlösten Menschen mit Christus zu sein.

An dieser Stelle entsteht natürlich die Frage, wann die Ehe beginnt. Es ist schade, daß auch unter Christen entgegengesetzte Antworten zu hören sind. Das biblische Zeugnis ist jedenfalls eindeutig. Die Ehe beginnt nach der Verlobungszeit dadurch, daß der Bräutigam die Braut unter Anteilnahme und Bestätigung der Öffentlichkeit heimholt und mit ihr Hochzeit feiert. Ehe beginnt also mit dem gegenseitigen auf Lebenszeit gegebenen öffentlichen Treueversprechen der beiden Partner. In einer kirchlichen Verlautbarung heißt es demzufolge zu Recht: »Nach unserer Überzeugung entsteht eine Ehe, wenn sich Mann und Frau wechselseitig versprechen, auf Lebensdauer beieinander zu bleiben und das öffentlich bekennen.«[5]

Wenn wir nun den biblischen Begriff des Anhangens wieder aufgreifen wollen, dann können wir sagen, daß dieses Anhangen dann beginnt, wenn sich die Brautleute öffentlich ihre lebenslange Treue versprechen; oder anders ausgedrückt: wenn sie öffentlich ihre Bereitschaft erklären, die Ehe miteinander einzugehen. Dies geschieht, seitdem in Deutschland 1874 das staatliche Zivilehe-Gesetz in Geltung steht, auf dem Standesamt.

Zwei Fehlurteile gilt es an dieser Stelle abzuwehren. Immer wieder wird behauptet, die Ehe werde durch die Intimgemeinschaft begründet. Diese Auffassung hat in der Bibel überhaupt keinen Anhaltspunkt. Wenn Unverheiratete miteinander eine geschlechtliche Beziehung eingehen, fallen sie nach biblischem Verständnis in Unzucht. Aber eine Ehe wird dadurch nicht begründet. Wenn in einem seelsorgerlichen Gespräch die Frage auftaucht, ob zwei Menschen, die schon geschlechtlichen Umgang miteinander hatten, nun auch heiraten sollten, wird man selbstverständlich den Mann an seine Verantwortung erinnern, die er damit für das Mädchen bzw. die Frau übernommen hat und deswegen in der Regel den beiden die Ehe empfehlen, aber das Argument, daß sie mit ihrem geschlechtlichen Umgang die Ehe schon begründet hätten, muß entfallen. Eine andere irrtümliche Meinung besteht darin, die Ehe würde erst vor dem kirchlichen Traualtar beginnen. Diese Meinung verkennt den öffentlich-rechtlichen Charakter der Ehe. Die Ehe beginnt nicht erst mit der kirchlichen Trauhandlung, sondern mit dem öffentlich-rechtlich verbindlichen Ja der beiden Partner, das in unserem Land auf dem Standesamt gesprochen wird.

Seit einigen Jahren sind neue Trauformeln in manchen Kirchen in Erprobung. Sie lauten nicht mehr »... bis der Tod euch scheidet«, sondern etwa »... solange Gott euch Liebe füreinander erhält«. Solche Formeln, die nicht mehr die lebenslange Dauer der Ehe zum Ausdruck bringen, sind ein Verrat an der Ehe. Wer nicht bereit ist, sich dem anderen vorbehaltlos und auf Lebenszeit zuzueignen, sollte nicht in die Ehe eintreten und kann demzufolge auch keinen kirchlichen Ehesegen empfangen. Er sollte sich aber auch fragen, ob er seinen Partner überhaupt liebt. Die Liebe, die das Beste des anderen will, schenkt ihm optimale Geborgenheit in lebenslanger Gemeinschaft. Das Mittelalter war uns in dieser Beziehung voraus. Da stand die lebenslange Dauer der Ehe noch nicht in Frage. Als Beleg dafür möchte ich das bekannte Liebeslied zitieren: »Du bist mein, ich bin dein: des sollst du gewiß sein. Du bist beschlossen in meinem Herzen. Verloren ist das Schlüsselein, du mußt immer drinnen sein«.

Natürlich ist das »Anhangen« nicht nur ein einmaliger Akt vor dem Standesamt. Die Ehe lebt nicht nur aus der Vergangenheit, sondern auch aus der Gegenwart. Das verbindliche Treueversprechen vor der Öffentlichkeit ist der Eintritt in die Ehewirklichkeit. Die Liebe begnügt sich aber niemals mit dem, was gestern geschah. Sie will jetzt, hier und heute dem anderen wohltun an Leib, Geist und Seele. Deswegen »klebt« sich der Liebende seinem Partner immer wieder neu an.

Besonders die Frau, die, wie wir sahen, stärker situationsbezogen lebt als der Mann, braucht die tägliche Gewißheit: Ich bin geliebt, ich bin umsorgt. Wir Männer müssen es lernen, daß unsere Frauen tägliche Zeichen unserer Zuwendung brauchen. Es genügt nicht, daß wir unseren Frauen einmal im Jahr zum Geburtstag oder zum Hochzeitstag Blumen schenken oder sie unserer Liebe versichern. Das Anhangen ist ein immer wieder sich vollziehender Vorgang, im Gespräch, im Dank, durch Rücksichtnahme und Verständnis.

3.4 »Sie werden ein Fleisch sein«

Diese Aussage wird meistens auf die leibliche Vereinigung von Mann und Frau in der Ehe bezogen. Gemeint ist aber etwas ganz anderes. Mit diesem Satz wird die Ehe unter die Verheißung einer tiefen Einheit, eines geheimnisvollen »Eins-Seins« gestellt. »Ein Fleisch werden«, das heißt: Einswerden, einig werden im umfassendsten Sinn des Wortes, nämlich in leiblicher, seelisch-geistiger und geistlicher Hinsicht. Zwei verschiedene Menschen, verschieden im Wesen, im Charakter, im Geschlecht, in der Herkunft, in den Interessen und in vieler anderer Hinsicht, finden in der Ehe so innig zueinander, daß sie sagen können: »Wir sind eins«. Einssein in der Ehe, das meint nicht Angleichung des einen Partners an den anderen, das meint nicht nur zusammen leben, sondern das Aushalten und die Freude am Anderssein des anderen und an der Ergänzung durch ihn – am geschenkten Reichtum des anderen, an der Spannung, die ins eigene Leben kommt, aber auch am geschenkten Gleichklang der Herzen, dem Frieden und der Freude darüber, vom anderen total angenommen zu sein – es ist die Erfahrung, daß der andere mich braucht und ich ihn.

Sehen wir uns die drei genannten Ebenen noch genauer an. Zunächst das *leibliche Einssein*. Die leibliche Vereinigung wird in der Bibel »Erkennen« genannt. Dieses Erkennen ist ein sehr tiefes Geschehen. Die Gottesliebe öffnet mir die Augen dafür, wer der andere wirklich ist in seiner ihm von Gott geschenkten Individualität. In dieser Liebe vermag ich mich an ihm zu freuen, ohne ihn egoistisch für mich zu mißbrauchen. Ohne die geschenkte Gottesliebe ist ein solches Erkennen nicht möglich. Wer sie aber erfährt, der wird in einer ganz tiefen Dimension beglückt und kann den anderen wieder beglücken. Diese Liebe sucht das Glück des anderen in jeder der drei genannten Ebenen.

Die beste Richtschnur, die es für die leibliche Erfüllung in der Ehe gibt, steht in 1. Kor. 7,3-4. Dort betont der Apostel, daß die Ehepartner ihre Leiblichkeit, das heißt ihre Sexualität nicht für sich selbst, sondern für den Ehepartner haben und einsetzen sollen. In der Intimgemeinschaft soll ich nicht nach meinem Frieden, nach meiner Lust, nach meiner Freude fragen, sondern nach dem Frieden, nach der Lust und nach der Freude meines Ehepartners. Die geschlechtlichen Organe sind Kommunikationsorgane. Sie sind uns für den Ehepartner geschenkt. Viele Ehen, gerade auch von Christen, leiden darunter, daß die Eheleute im leiblichen Bereich nicht oder nur selten zur Erfüllung und zur gegenseitigen Beglückung finden. Meist wird dann darüber nicht gesprochen oder auch der ganze leibliche Bereich als weniger wichtig abgetan. Aber der Leib des Christen ist Tempel des Heiligen Geistes. Was der Leib tut, ist nicht weniger wichtig als das, was wir fühlen, wollen und denken. Die Bibel kennt keine Abwertung des Leiblichen. Es lohnt sich deshalb, alle Kraft dafür einzusetzen, daß die Verheißung des Einsseins im leiblichen Bereich erfahren wird.

Das *seelisch-geistige Einssein* ist das Geschenk der Ergänzung der Ehepartner auf dieser Ebene aufgrund ihrer unterschiedlichen wesensmäßigen Veranlagung als Mann und Frau. Jede Gabe Gottes ist auch eine Aufgabe. Um sie zu bewältigen, dürfen die Eheleute sich gegenseitig helfen. Während der Mann aufgrund seines im allgemeinen stärker intellektbezogenen und sachlich-prinzipiellen Wesens in dieser Beziehung schnell zu Fehleinschätzungen und Fehlurteilen neigt, steht die Frau wegen ihres stärkeren Einfühlungsvermögens in eine Situation in der Gefahr, emotional in ihr aufzugehen. Hier müssen sich beide Eheleute verstehen, tragen und liebevoll korrigieren.

Das *geistliche Einssein* ist das schönste Geschenk der christlichen Ehe. Der Glaube erschließt den Eheleuten ihre Ehe als Vorgeschmack der himmlischen Gemeinschaft mit Christus. Der Glaube schenkt ihnen wachsende Liebe füreinander. Der Glaube führt sie zur Gewißheit, daß Christus selbst ihre Ehe zusammenhält, und das verleiht ihnen beiden eine große Gelassenheit und Freiheit. Der Glaube setzt in ihnen die Kraft frei, in Krisenzeiten vor allem die Vergebung zu erbitten und auch Vergebung zu schenken. In der geistlichen Dimension findet die Ehe zu ihrer eigentlichen symbolischen Bedeutung. Sie weist über sich selbst hinaus. Sie wird gelebtes Geheimnis. Gleichzeitig wird sie gerade dadurch attraktiv für andere, zunächst für die eigenen Kinder, dann auch für Verwandte, Freunde und die Gemeinde. Wie wichtig sind solche ansteckenden Ehen in unserer Zeit.

4. Ehefrau werden

Nachdem wir im 3. Kapitel die Grundlinien des biblischen Bildes der Ehe studiert haben, wenden wir uns in diesem und im nächsten Kapitel dem biblischen Bild der Frau und des Mannes zu. Auch hier müssen wir einen Höhenweg gehen, der uns zur Umkehr und zum Umdenken nötigt. Die Nebel schlechter Erfahrungen, mißverstandener Begriffe, faszinierender Gedanken und vor allem der eigenen Sünde müssen durchbrochen und verlassen werden. Das biblische Bild von Mann und Frau eröffnet sich nur dem, der betend Gottes Weisheit sucht und der bereit ist, seinen eigenen Geist und seine eigene Erfahrung nicht zum Maßstab aller Dinge zu machen. Wer sich aber diesen Weg führen läßt, der wird je länger je mehr eine staunende Freude über die Konzeption Gottes empfangen.

Das biblische Zeugnis von der Frau ist vielfältig und kann im Rahmen eines Ehebuchs nicht ausführlich dargestellt werden. Wir werden uns deswegen auf einen neutestamentlichen und einen alttestamentlichen Abschnitt beschränken und jeweils ihre Beziehungen zur göttlichen Ehekonzeption suchen, so wie wir sie in den ersten beiden Kapiteln der Bibel gefunden haben. Ich beginne mit der Auslegung von Epheser 5,22-24.

Wer die Bibel verstehen will, muß sie im Zusammenhang lesen. Dies gilt auch für die sog. Christliche Haustafel, die wir in Epheser 5,22 bis 6,9 finden. Die Aussagen über die Frau sind in dieser Haustafel eingebettet, und diese wiederum steht im Zusammenhang der Ermahnungen, die Paulus am Anfang des 5. Kapitels der Gemeinde mit auf den Weg gibt. Deswegen ist es gut, wenn wir mindestens das 5. Kapitel insgesamt lesen, ehe wir an die uns speziell interessierenden Sätze herangehen.

Ich möchte mit Vers 18b einsetzen. Dort ermahnt der Apostel die Gemeinde, voll Heiligen Geistes zu werden. Dies ist eine Aufforderung, die in unserer Zeit auf große Aufmerksamkeit stößt. Viele Christen sehnen sich heute neu nach der Kraft, der Frucht und den Gaben des Geistes. Dabei werden auch manchmal vorschnelle Antworten und Anweisungen gegeben. Es ist sehr hilfreich, daß Paulus hier in einem Dreierschritt nüchtern und einprägsam zusammenfaßt, wie Christen mit dem Heiligen Geist erfüllt werden können. Paulus führt aus, daß dazu ein dreifacher Gehorsamsschritt nötig ist.

4.1 Christen sollen sich gegenseitig ermuntern und ermahnen

Sie sollen sich untereinander in geistlicher Weise begegnen, sich gegenseitig ermuntern und ermahnen mit biblischen Worten und geistlichen Liedern. Wie gehen wir zu Hause, im Freundes- und Verwandtenkreis und in der Gemeinde miteinander um? Was sagen und schreiben wir dem anderen? Lenken wir sein Herz auf die Verheißungen Gottes oder speisen wir ihn mit billigem Trost ab? Wir können nicht erwarten, mit dem Geist Gottes erfüllt zu werden, wenn wir nicht bereit sind, unserem Nächsten in geistlicher Weise zu begegnen.

4.2 Christen sollen sich in die Dankbarkeit einüben

Sie sollen allezeit für alles Gott, dem Vater, im Namen des Herrn Jesus Christus Dank sagen. Dankbarkeit ist in der Bibel zunächst kein Gefühl, sondern ein Willensakt. »Opfere Gott Dank und bezahle dem Höchsten deine Gelübde!« Wenn wir auf dankbare Gefühle warten wollen, so kann das mitunter sehr lange dauern. Paulus meint hier aber eine tägliche geistliche Übung. Es gilt, in jeder Lebenssituation, auch der schwierigen, den Blick auf Gottes Heil und Gottes Gnade zu richten und ihm dafür zu danken. Welchen Raum nimmt der Dank in unseren Gebeten ein? »Danken schützt vor wanken, loben zieht nach oben«, so sagte man früher. So ist es in der Tat. Wer das Danken lernt, empfängt eine geistliche Stabilität; er wird mit dem Heiligen Geist erfüllt.

4.3 Christen sollen sich einander in der Furcht Christi unterordnen

Diese Ermahnung ist sozusagen die Überschrift über der nun unmittelbar folgenden Haustafel. Da die Haustafel keine gegenseitige Unterordnung, sondern eine spezielle meint, nämlich der Ehefrauen unter ihre Männer, der Kinder unter ihre Eltern und der Knechte unter ihre Herren, ist dieser Vers zu verstehen als eine Ermahnung an die Christen, sich in ihrem persönlichen Lebensbereich demjenigen unterzuordnen, der von Gott die Verantwortung für sie empfangen hat. Auch hier gilt: Wer nicht bereit ist zu dieser Unterordnung, kann nicht damit rechnen, mit dem Heiligen Geist erfüllt zu werden.

Damit sind wir angekommen bei den Versen 22-24, denen wir uns nun besonders zuwenden wollen.

Was meint der Apostel, wenn er die Frau ermahnt, sich ihrem Mann unterzuordnen? Die herrschende Unklarheit über die Frage nötigt uns, gründlich über diesen Begriff nachzudenken. Fällt der Apostel hier zurück in patriarchalistische Denkstrukturen, wie manche Ausleger meinen? Ich denke nicht. Wie ist dann aber die Unterordnung der Frau zu verstehen?

In der Gemeinde Jesu ist jeder zum Dienen gerufen. So hat es Jesus seine Jünger gelehrt. »Ihr wisset: die Fürsten halten ihre Völker nieder, und die Mächtigen tun ihnen Gewalt. So soll es nicht sein unter euch; sondern wer groß sein will unter euch, der sei euer Diener; und wer der Erste sein will unter euch, sei euer Knecht« (Matth. 20,25f). Ob Mann oder Frau, jeder ist gerufen, seinem Nächsten zu dienen, denn der Glaube wird in der Liebe konkret, und ein Glaube ohne die Tat der Nächstenliebe ist tot (Jak. 2,17).

Dieser allgemeine Auftrag zum Dienen erhält in der Ehe noch einen geschlechtsspezifischen Sinn. Der Ehemann soll seiner Frau, die Ehefrau soll ihrem Mann dienen, jeweils in der Weise ihrer besonderen Bestimmung und ihres besonderen Auftrags. Der Mann dient seiner Frau, indem er sie selbstlos liebt, sie mit seiner Fürsorge und seinem Schutz umgibt und ihr in der Verantwortung vor Gott zu einem erfüllten Leben hilft (vgl. dazu das nächste Kapitel). Die Frau dient ihrem Mann, indem sie sich ihm unterordnet, und das heißt, indem sie sich seiner Liebe und Fürsorge anvertraut und ihm in allen Lebensbereichen als Hilfe zur Seite steht.

Sich unterordnen meint also ein bewußtes und aktives Handeln der Frau. Natürlich muß man an dieser Stelle darüber nachdenken, warum in der biblischen Ehekonzeption, die der Glaube als Offenbarung Gottes annimmt, der eine Partner die liebende Fürsorge und der andere die helfende Unterordnung praktizieren soll. Die Antwort kann nur im Wesen Gottes gesucht werden. Weil Gott in seiner Trinität selbst dienende Fürsorge und dienende Unterordnung praktiziert, nämlich im Verhältnis des Vaters zum Sohn, hat er dieses vollendete Kommunikationsmodell auf

Mann und Frau übertragen. Die Bibel bezeugt uns die Fürsorge des Vaters und die Unterordnung des Sohnes als inniges und herzliches Verhältnis. Damit hilft sie uns, unsere Vorbehalte gegen ein auf Fürsorge und Unterordnung gegründetes Ehekonzept zu überwinden.

Nun darf nicht übersehen werden, daß es sich hier um eine Ermahnung handelt. Genauso wie im Strafwort Gottes an Eva (1. Mose 3,16) wird die Frau ermahnt, sich nicht über ihren Mann zu erheben, sondern sich ihm unterzuordnen. Ähnliche Anweisungen finden wir in 1. Tim. 2,11f; Kol. 3,18 und 1. Petr. 3,1. Wenn wir diese apostolischen Ermahnungen an die Frau ernst nehmen, dann lassen sie nur einen einzigen Schluß zu: Die Frau steht in der Gefahr, sich über ihren Mann zu erheben und sich seiner Liebe und Fürsorge zu entziehen.

Die Ursache dafür liegt zweifellos in ihrem Wesen als Frau begründet. Während der Mann, bedingt durch die Erschaffung der Frau aus seiner Leiblichkeit, zur Vervollkommnung seines Wesens auf die Frau angelegt und angewiesen ist, hat die Frau ein in sich gegründetes Wesen. Man könnte es ganz simpel sagen: Ihr ist keine Rippe entnommen. Sie ruht viel stärker als der Mann in sich selbst. Aus dieser ihrer fraulichen Wesensart entspringt ihre intuitive Begabung, ihr »sechster Sinn«. Was der Mann erst lange durchdenken und analysieren muß, erfaßt die Frau aufgrund ihrer Intuition oft augenblicklich. Insofern ist sie dem Mann überlegen. Und genau diese Tatsache wird ihr zu einer dauernden Gefahr. Ihre Überlegenheit hindert sie daran, sich ihrem Mann unterzuordnen. Weil sie von ihrer Natur aus die Führung über den Mann erstrebt und wahrnimmt, muß die Frau immer wieder ermahnt werden, sich ihrem Mann unterzuordnen und die Gemeinschaft mit ihm zu suchen. Es ist ein Opfer, das der Ehefrau hier zugemutet wird, aber es ist gleichzeitig die Wegweisung zu ihrem Glück. Wenn sie nämlich die Führung über ihren Mann übernimmt, wird sie bei ihm Unsicherheit, Verletzungen und Abwehr auslösen und letztlich ihre Ehe gefährden. Wenn sie sich aber der Liebe und Fürsorge ihres Mannes unterstellt und alles, was sie ist und kann, zum Wohle ihres Mannes einsetzt, dann wird sie die beglückende Erfahrung machen, daß sie gebraucht wird und daß sie einen entscheidenden und unverzichtbaren Platz in ihrer Ehe und Familie einnimmt.

Ich möchte noch betonen, daß wir die Unterordnung der Frau unter ihren Mann nicht strukturell verstehen sollten. Die Frau »steht nicht unter ihrem Mann« im Sinne einer Minderwertigkeit oder Abhängigkeit. Sie ist von Gott als völlig gleichwertiges Wesen wie der Mann erschaffen. Auch die Aussage des Apostels Paulus in 1. Kor. 11,3, daß der Mann das Haupt der Frau ist, bedeutet keine Abwertung für die Frau. Das Hauptsein des Mannes heißt nicht, daß er über der Frau steht, sondern daß er die Aufgaben eines Hauptes wahrnehmen soll, nämlich selbstlose Liebe üben, fürsorglich handeln und auf gutem Weg leiten. Paulus fügt der Ermahnung zur Unterordnung am Ende von Vers 24 noch hinzu: »in allen Dingen«.

Um dieses Lebensprogramm einmal ganz praktisch vorzustellen, möchte ich an dieser Stelle auf den bekannten Abschnitt in Sprüche 31,10-31 eingehen, der in unseren Bibeln meist mit der Überschrift »Lob der tüchtigen Hausfrau« versehen ist. In der Tat, in diesen Versen begegnet uns eine höchst aktive, selbstbewußte und tüchtige Frau. Ich hatte einmal zum 70. Geburtstag einer erfahrenen Ehe- und Hausfrau die Andacht zu halten. Dazu wählte ich unseren Abschnitt aus Sprüche 31. Je mehr ich mich in dieses Wort vertiefte, desto größer wurde mein Erstaunen über die Aktualität der Bibel. Man möchte es all denen von Herzen wünschen, welche die Bibel als Dokument patriarchalistischen Denkens mißverstehen, daß sie Zugang finden zu diesem »Lob der tüchtigen Hausfrau«. Wenn die Bibel wirklich ein Unterdrükkungsbuch wäre, dann würde sie eine solche Frauengestalt nicht kennen.

Ich finde in diesem Abschnitt sechs Tätigkeits- bzw. Lebensbereiche und sechs Wesenszüge der Ehefrau, die mir eine hilfreiche Antwort auf die Frage zu sein scheinen, wie sich eine Frau

»in allen Dingen« ihrem Mann unterordnet, ihm eine Hilfe ist und allen im Haus zum Segen wird.

Die sechs Lebensbereiche: Heim, Speise, Kleidung, Haushaltskasse, Äußeres, Erziehung. – Die sechs Wesenszüge: Fleiß, Kraft, Barmherzigkeit, Zuversicht, Würde und Weisheit.

Heim. Die Wohnung, das Haus, das Grundstück, das sind nicht nur Orte und Räume, wo bestimmte Möbel stehen und wo sich die Familie trifft. Unser Heim soll uns zur Heimat werden. Wir leben in einer ungeborgenen Welt. Die Erde ist zu einem Pulverfaß und zu einer großen Mülltonne geworden. Aber der Mensch sucht und braucht Heimat und Geborgenheit. Ich erinnere mich noch gern an die Veranda meines Elternhauses. Sie war zum Garten hin gebaut und besonders im Sommer ein lichtdurchfluteter, warmer und unwahrscheinlich behaglicher Raum. Wie gern war ich dort als Kind, und wie tief hat sich diese Erfahrung bei mir eingegraben. Jede Heimat, die wir in dieser Welt erleben, ist ein Hinweis und ein Vorgeschmack auf die ewige Heimat, die uns erwartet. Wenn die Frau das erkannt hat, daß sie mit dem Heim Heimat schenken kann, dann wird sie an die Ausgestaltung und Pflege der Wohnung oder des Hauses mit ganz anderen Augen herangehen. Die Frau kann außerordentlich viel dazu beitragen, daß sich der Ehemann und die ganze Familie zu Hause wohlfühlen. Anders ausgedrückt: Wenn Mann und Kinder zu Hause kein Sitzfleisch haben, sollte die Frau einmal darüber nachdenken, ob sie genügend Liebe und Phantasie in ihr Heim investiert (vgl. auch die Ermahnung zum »Haushalten« in 1. Tim 5,14).

Speise. Die Speise ist mehr als Nahrung. Ein gemeinsames Essen ist mehr als Verpflegung. Der menschliche Organismus ist ohne Speise nicht lebensfähig. Wer mir Speise gibt, erhält mein Leben. Wenn wir bedenken, welch ein erheblicher Prozentsatz von Krankheiten und Todesfällen auf falsche Ernährung zurückgeht, gewinnt die Speise eine noch wichtigere Dimension. Eine Frau, die ihrem Mann eine gute Hilfe und ihren Kindern eine gute Mutter sein möchte, wird sich intensiv mit dem ganzen Fragenkomplex gesunderhaltender Kost beschäftigen. Welch eine Verantwortung, welch eine Chance für die Frau, für die Gesundheit ihrer Lieben tätig sein zu dürfen. Aber die Verantwortung für die Speise erstreckt sich nicht nur auf die Auswahl und Zubereitung. Auch die Einnahme der Mahlzeiten ist etwas Besonderes. Gemeinsames Essen und Trinken verbindet die Menschen. Hier können Gespräche stattfinden, hier können Themen so behandelt werden, wie es im Alltagsgetriebe oft gar nicht möglich ist. So kann die Frau die gemeinsamen Mahlzeiten auch immer als Gelegenheit sehen und nutzen, ihrem Mann und ihrer Familie an Leib, Geist und Seele wohlzutun.

Kleidung. Es mißfällt jedem Mann, wenn er zum Kleiderschrank geht und kein gebügeltes Hemd mehr vorfindet. Es ist eine anspruchsvolle Aufgabe für die Frau, wenn sie für witterungsgerechte, passende und ansprechende Kleidung für die Familie sorgen will. Sowohl der günstige Einkauf, eine kluge Vorratshaltung besonders der Haushaltswäsche und auch die Pflege gehören dazu. Die Kleidung selbst ist ja nicht nur ein Gebrauchsgegenstand, sondern sie vermag die Individualität eines Menschen zu unterstreichen. Wer heranwachsende Kinder hat, der weiß, wovon ich rede. Die Kleidung ist wahrlich ein Aufgabenbereich, der nicht mit der linken Hand bewältigt werden kann.

Haushaltskasse. Es ist erstaunlich, wie stark sich die Frau in Sprüche 31 für das finanzielle Auskommen der Familie engagiert. Sie hat kaufmännisches Talent. Wie gut würde es mancher Ehe bekommen, wenn die Frau »Finanzminister« wäre. Der Mann ist aufgrund seiner Wesensart in einer bestimmten Hinsicht in der Gefahr finanzieller Fehlentscheidungen. Er verliebt sich in Einzelaspekte einer Idee, während die Frau stärker den allgemeinen und praktischen Nutzen bedenkt. Ich weiß von einer Ehe, die in eine Krise geraten war, nachdem der Mann gegen den Rat seiner Frau und seiner Kinder einen bestimmten Pkw angeschafft hatte. Natürlich kann auch die Frau in die Gefahr eines leichtsinnigen Umgangs mit dem Geld geraten. In jedem Fall ist im finanziellen Bereich das gemeinsame Gespräch vorrangig wichtig.

Äußeres. Das äußere Erscheinungsbild einer Frau verlangt ihre höchste Aufmerksamkeit. Wir haben schon mehrmals festgestellt, daß der Mann wesensmäßig auf der Suche nach der Frau ist. Seine schnellere sexuelle Erregbarkeit hängt damit zusammen. Die Ehefrau muß das Kunststück vollbringen, gleichzeitig ihrem Mann in ihrem äußeren Erscheinungsbild zu gefallen und in der Öffentlichkeit so aufzutreten, daß sie bei anderen Männern keine begehrlichen Blicke provoziert. Die Bemerkungen der Apostel, daß die Ehefrauen »in schicklichem Kleide mit Scham und Zucht sich schmücken« (1. Tim. 2,9) und auf Haar- und Goldschmuck sowie Kleiderpracht verzichten sollen (1. Petr. 3,3), sind aus tiefer Einsicht in die große Bedeutung des Äußeren der Frau geschrieben. Eine Frau, die darauf verzichtet, ihrem Mann auch äußerlich gefallen zu wollen, versagt an einer entscheidenden Stelle. Sie verkennt das Wesen des Mannes und ist ihm mit ihrem Verhalten keine Hilfe, ja sie kann damit sogar mitschuldig werden an seinen begehrlichen Blicken auf andere Frauen und an noch schlimmeren Folgen.

Erziehung. In der Regel trägt die Frau die Hauptlasten, aber auch die Hauptfreuden der Erziehung der Kinder. Die Erziehung ist ein wesentlicher Lebensbereich, in dem die Frau ihrem Mann eine Hilfe sein kann und soll. Natürlich gehört zum Hilfesein die Abstimmung der Erziehungsgrundsätze und -praxis mit ihrem Mann. Es wird im Erziehungsalltag immer wieder unterschiedliche Auffassungen zwischen Mann und Frau geben. Sofern sie in der unterschiedlichen Wesensart begründet sind, werden sie sich fruchtbar für die Erziehung auswirken, wenn der Mann den Rat seiner Frau willig aufgreift und die Frau sich auch in dieser Frage gern ihrem Mann unterordnet. Natürlich sollten die unterschiedlichen Ansichten nicht im Beisein der Kinder ausgetragen werden. Kindern den Weg in ein erfülltes Leben zu weisen, ist ein wunderbares Vorrecht. Hier lohnt sich jede Investition an Zeit, Kraft, Geld und vor allem an Gebet. Es ist der schönste Lohn einer Frau, wenn sie erlebt, daß ihre Kinder sie loben und preisen (Sprüche 31,28).

Fleiß und Kraft. Es ist ganz erstaunlich, mit welchem Elan die Frau in Sprüche 31 an ihre Arbeit geht. Sie steht vor Tage auf, sie kümmert sich um ihre Familie genauso wie um die Knechte und Mägde. Sie ist im Haushalt genauso emsig tätig wie in der Landwirtschaft, und bei all dem Engagement kommt keine einzige Klage über ihre Lippen. Öfters habe ich schon bei Frauen, vor denen ich über diese Stellen sprach, ein ungläubiges Staunen beobachtet. Manche sagten spontan: Gegen diese Frau bin ich eine Niete. Ich möchte erwidern, daß eine Frau, die sich von ihrem Mann und von ihren Kindern geliebt weiß, zu außerordentlichen Kraftanstrengungen in der Lage ist. Die Kraftlosigkeit vieler Ehefrauen heute ist nach meiner Überzeugung weniger eine körperliche als eine seelische Erscheinung. Wer als Mann beobachtet, daß Fleiß und Kraft seiner Frau nachlassen, sollte diese Symptome als ernste Anfrage an seine eigene Liebe verstehen.

Barmherzigkeit. In Sprüche 31,20 heißt es: »Sie breitet ihre Hände aus zu dem Armen und reicht ihre Hand dem Bedürftigen.« Wie schon ausgeführt, gehört es zu den Vorzügen der Frau, daß sie viel stärker als der Mann in der Lage ist, sich in eine Situation oder in einen Menschen hineinzuversetzen. Sie kann sich viel unmittelbarer als der Mann mit dem, der sich freut, mitfreuen und mit dem, der in Not ist, mitleiden. Barmherzigkeit, praktische Nächstenliebe, diakonischer Einsatz, Gastfreundschaft – diese Formen des Dienens sind in hervorragender Weise Betätigungsfelder der Frau.

Zuversicht. Wenn die Frau in der Beziehung zu ihrem Mann zu ihrer Lebenserfüllung findet, geht von ihr eine Strahlkraft aus. Sie weiß sich und die Ihren in der Hand Gottes geborgen, und so blickt sie ohne Angst in die Zukunft. »Sie lacht des kommenden Tages« (Sprüche 31,25). Was solche Zuversicht in unserer von Zukunftsangst gezeichneten Zeit bedeuten kann, ist kaum zu ermessen. Wie stark die Zuversicht einer Frau ihren eigenen Mann aufrichten kann, das kann ich persönlich bezeugen. Und welche Mitgift eine zuversichtliche Mutter für ihre Kinder darstellt, das brauche ich nicht zu betonen.

Würde. Es ist nicht einfach, das alte Wort »Würde« recht zu verstehen. Natürlichkeit, Echtheit, Lebenserfahrung und Glaubensgelassenheit sind gewiß einige Hauptaspekte der Würde. Würde kann man nicht machen, sie ist ein Geschenk. Die Frau, zu deren Wesen Würde gehört, ist das Gegenbild zu der von der Pornographie vermarkteten Frau unserer Tage. Wohl dem, der Frauen mit Würde kennenlernen darf. Aber vor allem wohl dem Mann, der eine solche Frau seine Hilfe nennen darf. Er wird als eine seiner vorrangigen Aufgaben alles daran setzen, die Würde seiner und auch anderer Frauen zu schützen.

Weisheit. Weisheit ist mehr als Klugheit. Sie ist die Gabe, die Chancen einer Situation oder eines Augenblicks im Lichte der Möglichkeiten Gottes zu erfassen. Weisheit sieht tiefer. Sie sieht in das Herz Gottes hinein. In ihrer geschenkten Weisheit kann die Frau z.B. Mann und Kinder ermutigen, wo diese selbst kein Weiterkommen sehen. Sie kann warten, wo andere umsonst eilen. Ihre Ratschläge erweisen sich als richtig.

Die aufgezählten sechs Lebensbereiche und sechs Wesenszüge der Frau erheben keinen Anspruch auf Vollständigkeit. Sie sind nichts weiter als ein Einblick in die Vielfalt ehelichen Lebens und gleichzeitig eine Anregung, wie eine Ehefrau konkret »in allen Dingen« ihrem Mann eine Hilfe sein und geben kann.

Hier möchte ich noch eine Beobachtung weitergeben. Viele Frauen nehmen am Beruf und an den Interessen ihres Mannes zu wenig Anteil. Es gehört aber zu den elementaren Bedürfnissen eines Mannes, daß er sich über seine beruflichen Erfahrungen und auch über seine persönlichen Interessengebiete aussprechen kann. Es gehört zum Hilfesein der Frau unmittelbar dazu, daß sie an den Erlebnissen und an den Gedanken Anteil nimmt, die ihren Mann einen großen Teil seiner Zeit beschäftigen und prägen. Wir kennen ein Ehepaar, das uns in dieser Hinsicht beeindruckt. Der Mann ist Hobbyphotograph, der mit großer Leidenschaft seine freie Zeit mit der Suche nach neuen Motiven verbringt. Dabei kann es vorkommen, daß er einige Stunden wartet, bis der Auslöser gedrückt wird. Die Frau hat uns verraten, daß sie diese Leidenschaft nicht teilt und auch kaum versteht. Trotzdem begleitet sie ihren Mann auf seinen Photoexkursionen, so oft sie es nur immer einrichten kann.

Nun möchte ich noch auf ein großes Mißverständnis des Hilfeseins der Frau eingehen. In einem Gespräch mit einem Ehepaar hatte ich einmal die biblischen Aspekte des Hilfeseins entwickelt. Die Frau sah mich daraufhin recht enttäuscht und verständnislos an und entgegnete etwa folgendermaßen: »Was Sie jetzt erzählt haben, das tue ich schon seit dem Anfang unserer Ehe, aber sie wurde nicht besser, sondern immer schlechter«. Ich fragte sie darauf, wie sie denn ihr Hilfesein verstehe. Sie antwortete: »Ich habe immer nur das getan, was mein Mann von mir wollte.« Dazu konnte ich nur sagen, daß sie gerade damit ihrem Mann keine Hilfe gewesen sei.

Wenn die Frau sich in allen Dingen ihrem Mann unterordnet und ihm in allen seinen Lebensbereichen eine Hilfe zu sein versucht, dann wird sie ihn nicht nur laufend bestätigen können und dürfen. Das Hilfesein besteht im Gegenteil oft in einer liebevollen, aber entschiedenen Korrektur. Der Mann, der aufgrund seiner Wesensart schneller zu unausgewogenen Urteilen und Entscheidungen neigt, braucht die Korrektur seiner Frau dringend.

In einem amerikanischen Ehebuch habe ich den folgenden schönen Abschnitt gefunden, der die umfassende, verantwortungsreiche Hilfe der Frau eindrucksvoll beschreibt:

»Die Ehefrau, wenn sie ihre ganze Zeit für ihr Heim, ihren Mann, ihre Kinder einsetzt, wenn sie versucht, die Arbeit ihres Mannes zu verstehen, seine Selbstgefälligkeit zu zügeln und gleichzeitig seine Selbstachtung zu erhöhen, seine männliche Selbstüberschätzung zu vernichten und ihn gleichzeitig in seinen Hoffnungen zu ermutigen, wenn sie versucht einen Kreis echter Freunde um die Familie aufzubauen, wenn sie im Haus für eine richtige Atmosphäre der Kultur, Musikliebe, schöner Möbel und eines Gartens sorgt, wenn sie das alles kann, wird sie eine Lebensaufgabe haben, die ihre ganze Kraft fordert, ihre ganze Geduld, jedes Talent, das Gott ihr gegeben hat, die äußerste Aufopferung ihrer Liebe. Eine Aufgabe, die alles fordert, was sie hat, und noch mehr. Und sie wird zu dem finden, wozu sie erschaffen wurde. Sie wird wissen, daß sie den Plan Gottes ausführt. Sie wird mit dem höchsten Herrscher des Alls in Partnerschaft treten.«[6]

Keiner Frau fällt die Bereitschaft zur Unterordnung unter ihren Mann in den Schoß. Und einer Frau, die den Aufblick auf Christus nicht kennt, wird eine solche Ermahnung zunächst einmal als Zumutung, wenn nicht sogar als Unverschämtheit erscheinen. Das natürliche Empfinden rebelliert bei allem, was nach Selbstverleugnung und Opfer klingt. Paulus kennt diese Regungen unseres alten, von der Sünde abhängigen Wesens. Deswegen fügt er seiner Ermahnung an die Frauen den Zusatz »wie dem Herrn« zu. So wie die gläubige Frau in ihrem geistlichen Leben ihr altes, natürliches Ich verleugnet und sich Christus anvertraut, so soll sie in ihrem Eheleben darauf verzichten, ihren Mann zu beherrschen und sich statt dessen seiner Fürsorge anvertrauen. Dieser Entschluß und dieser Weg sind für die Frau nicht einfach, aber im Blick auf den Herrn wird sie das Wollen und das Vollbringen dazu finden. Ohne den Glauben, ohne die Kraft des Heiligen Geistes, ohne die Gemeinschaft mit dem auferstandenen Gottessohn Jesus Christus wird die Frau weder den Wunsch noch das Vermögen zur Unterordnung bekommen.

Wenn sie aber den Glaubensblick findet, dann wird ihr die Unterordnung letztlich zu einem Gottesdienst, dann weiß sie sich nicht nur unter ihrem Mann, sondern vor allem unter ihrem Herrn und Heiland. Unzähligen Frauen hat diese Gewißheit auf ihrem Weg der Unterordnung Kraft und Freude geschenkt, und zwar besonders in solchen Situationen, wo sie die Liebe, die Fürsorge und eine verantwortliche Leitung ihres Mannes vermissen mußten. Besonders aber in solchen Ehen, in denen der Mann den Weg des Glaubens nicht mitgeht, wird die Frau das Opfer der Unterordnung nur aufbringen können, wenn sie es als unmittelbaren Gottesdienst versteht. In einer solchen Ehe können ihr fast unglaubliche Lasten zugemutet werden, bis dahin, daß der Mann ihr den Kontakt mit gläubigen Christen verbietet. Für solche Frauen muß die Gemeinde vorrangig in der Fürbitte einstehen. Aber auch sie, und sie besonders dürfen wissen, daß Gott den Weg der Unterordnung segnen will. In 1. Petr. 3,1f. ermutigt der Apostel Petrus christliche Ehefrauen, ihre ungläubigen Männer durch ihren Wandel für Christus zu gewinnen. Die Erfahrung zeigt, daß auch an dieser Stelle das apostolische Wort weise ist. Frauen erreichen bei ihren Männern nämlich nichts oder nicht viel, wenn sie mit Worten Bekehrungsversuche unternehmen. Wenn sie sich aber »ohne Worte« ihrem Mann in allen Dingen unterordnen, dann stehen sie unter der Verheißung dieses Apostelworts und dürfen froh erwarten, was der Herr an ihrem Mann tun wird. Hinzuzufügen wäre noch, daß die Unterordnung selbstverständlich dort ihre Grenze findet, wo der Mann seine Frau zum Ungehorsam gegen Gottes Gebot verführen oder verpflichten will (Apg. 5,29).

Als Begründung dafür, daß sich die Frau ihrem Mann in allen Dingen unterordnen soll, führt Paulus an: »Denn der Mann ist des Weibes Haupt«. Die wichtige Frage, was eigentlich den Mann zum Mann macht und was sein Hauptsein bedeutet, werden wir im nächsten Kapitel behandeln.

5. Ehemann werden

Seit etwa einem Jahrhundert gibt es in den von der christlich-abendländischen Zivilisation geprägten Ländern eine Frauenbewegung. Frauen treten an, um gegen ihre Unterdrückung durch den Mann zu kämpfen. Es ist eigentlich merkwürdig, daß es zu einer vergleichbaren Männerbewegung nicht gekommen ist. Zwar gibt es ausgesprochene Männerliteratur, aber sie ist an Zahl und Einfluß überhaupt nicht zu vergleichen mit den programmatischen Büchern der Feministinnen wie etwa »Das andere Geschlecht« von Simone de Beauvoir. Mir scheint, daß der Mann angesichts dieser Herausforderung in Unsicherheit verharrt und weder den Wunsch noch die Kraft zu einer eigenständigen Bewegung hat. Trotzdem vollzieht sich unter den Männer seit langem eine gewaltige Bewußtseins- und Lebensveränderung. Der Mann verabschiedet sich von dem Selbstverständnis, das ihm ein Jahrtausend lang das vom Christentum geprägte Abendland vermittelt hat. In diesem Bild sah sich der Mann in der Verantwortung für den Schutz seiner Frau, für die Leitung seiner Familie und für das Wohl seines Volkes. Ich möchte diesen Verabschiedungsprozeß an den drei genannten Verantwortungsbereichen kurz skizzieren.

5.1 Die Verabschiedung des Mannes aus seiner Verantwortung für den Schutz seiner Frau

Wer mit offenen Augen die Entwicklung unserer Gesellschaft verfolgt, beobachtet viele Anzeichen für den Rückzug des Mannes aus der Ritterlichkeit. Ich möchte drei davon nennen. Zunächst weise ich auf die Freigabe der Pornographie hin. Die entsprechenden Gesetze wurden überwiegend von Männern entworfen und verabschiedet. Der Mann zieht die Frau öffentlich aus und degradiert sie damit zum bloßen Sexualobjekt. Was die damit ausgelöste Sexualisierung unserer Gesellschaft für Fernwirkungen hat, ist noch gar nicht absehbar. Fest steht aber in jedem Fall, daß der Mann mit diesen Gesetzen der Frau eine schallende Ohrfeige gibt und damit öffentlich dokumentiert, daß er nicht mehr ihr Beschützer sein will.

Die zweite Beobachtung betrifft den Hausfrauenstand. Eine interessante empirische Untersuchung, bei der 60 berufstätige Frauen nach ihren Motiven gefragt wurden, hat zum Vorschein gebracht, daß die Hauptmotivation für die Berufstätigkeit bei den meisten Frauen nicht materielle Not, sondern die fehlende Anerkennung ihrer hausfraulichen Tätigkeit ist.[7] Hier ist ein weitverbreitetes Versagen des Mannes angesprochen. Wenn er seiner Frau gerade dort die Anerkennung und den Dank versagt, wo sie ihm in besonderer Weise eine Hilfe sein kann und will, entzieht er sich seiner Verantwortung, macht sie unglücklich und provoziert bei ihr die Verweigerung ihrer Bereitschaft zur Hilfe. Eng mit dieser Beobachtung hängt die nächste zusammen.

Quer durch die politischen Parteien hindurch macht sich der Mann heute stark für die Berufstätigkeit der Frau. Als Beispiel weise ich auf die sogenannten Essener »Leitsätze für eine neue Partnerschaft zwischen Mann und Frau« der CDU hin, die im April 1985 verabschiedet wurden (mit Männermehrheit). In der Präambel wird ausgeführt, »daß das Ziel einer Gesellschaft mit menschlichem Gesicht nur erreicht werden kann, wenn Frauen auf allen Ebenen und in allen Bereichen an verantwortlicher Stelle mitwirken«. Und wenig später heißt es: »Es ist der Ausdruck eines überholten Denkens, die Aufgaben der Frau auf die der Mutter und Hausfrau und die Aufgaben des Mannes auf die der Erwerbstätigkeit beschränken zu wollen.« Mit solchen Sätzen wird die Doppelbelastung der Frau im Haushalt und im Beruf festgeschrieben und zur neuen Norm erklärt. Der Mann verabschiedet sich elegant aus seiner Verantwortung, für das Wohl und damit auch für das materielle Auskommen seiner Frau zu sorgen.

Jeder Mann, der die Berufstätigkeit der Frau allgemein und speziell seiner eigenen Frau wünscht und fördert, muß sich nach seiner Liebe fragen lassen. Ist es ein Ausdruck von Liebe, der Frau die zusätzliche Last der außerhäuslichen Erwerbstätigkeit zuzumuten? Um nicht mißverstanden zu werden, füge ich hinzu, daß es natürlich Not- und Sondersituationen geben kann, in welchen die Frau ganz oder teilweise für das materielle Auskommen der Familie sorgen muß. Mir geht es in diesem Zusammenhang darum, den allmählichen Rückzug des Mannes aus seinen Verantwortungsbereichen bewußt zu machen, die ihm vom christlichen Menschenbild übertragen worden waren.

5.2 Die Verabschiedung des Mannes aus seiner Verantwortung für die Leitung der Familie

Im christlich geprägten Bild des Mannes war er derjenige, dem die Verantwortung für die Leitung seiner Familie zukam. Vor ihm stand die Aufgabe, für das Wohl der Familie im umfassenden

Sinn des Wortes zu arbeiten und darum zu ringen, daß alle Glieder der Familie den Glaubensweg gehen. Heute müssen es viele Familien erleben und erleiden, daß sich der Mann seiner Leitungsaufgabe verweigert. Oft beginnt diese Verweigerung im Verzicht, für die Glaubensunterweisung der Kinder zu sorgen. Dann wird das Tischgebet oder die Familienandacht an die Frau delegiert. Der Kleine Katechismus, den Luther für die Familienandacht des Mannes geschrieben hatte, ist heute zum Lernstoff der Konfirmanden degeneriert. Ebenso verweigert sich der Mann weithin der Aufgabe, seine Frau mit geistlicher Fürsorge zu umgeben, d.h. geistliche Stärkung und geistlichen Trost zu geben. Zum Leitungsverzicht gehört auch die Delegation der gesamten Erziehung an die Frau sowie der Verzicht, im Gespräch mit seiner Frau die Leitlinien für die finanzielle Verwaltung, für den Aufbau eines Freundeskreises oder für die Gestaltung der Freizeit festzulegen. Auf die vielfältigen negativen Folgen dieses Leitungsverzichtes kann ich hier nicht eingehen.

Eine mögliche Auswirkung will ich aber noch anführen, weil sie vermutlich zunehmend zu einem gesamtgesellschaftlichen Problem werden wird. Ich meine die Homosexualität. Der Psychotherapeut R. Affemann hat einmal darauf hingewiesen, wie unverzichtbar wichtig für den heranwachsenden Jungen ein intaktes Vaterbild ist. Wenn der Junge im Pubertätsalter einem Vater begegnet, dessen alltägliches Leben weitgehend von Verantwortungsverweigerung gekennzeichnet ist, kann es zu Störungen im persönlichen Identifizierungsprozeß des jungen Menschen kommen. Jeder Junge braucht ein Vater- und Mannesbild, um an ihm selbst zum Mann heranreifen zu können (jedes Mädchen braucht ebenso ein Mutter- und Frauenbild, um zur bewußten Frau heranreifen zu können). Solche Identifikationskrisen begünstigen nach Affemann die Homosexualität.

5.3 Die Verabschiedung des Mannes aus seiner Verantwortung für das Wohl der Gesellschaft

Hand in Hand mit den eben genannten Prozessen geht auch eine Vernachlässigung der gesamtgesellschaftlichen Verantwortung des Mannes. Die Entwicklung der Gesetzgebung in der Bundesrepublik Deutschland nach dem 2. Weltkrieg ist hierfür ein markantes Beispiel. Es lohnt sich, einmal das Anfang der fünfziger Jahre in Geltung stehende Strafgesetz mit dem heute geltenden zu vergleichen. Man wird erstaunliche Beobachtungen machen. Nahezu alle Rechtsbereiche, die durch die Zehn Gebote Gottes geschützt sind, unterliegen heute in der Bundesrepublik Deutschland einer veränderten Bewertung. Um einige Beispiele zu nennen: Die Gotteslästerung steht nicht mehr unter Strafe, das Gebot der Feiertagsheiligung wurde eingeschränkt, die elterliche Autorität wurde durch bestimmte Jugendgesetze unterhöhlt, das Recht auf Leben und körperliche Unversehrtheit des Menschen wurde durch die Veränderung des § 218 praktisch abgeschafft, die Eigentumsrechte unterliegen ebenfalls einer zunehmenden Aushöhlung. Daß sich dieser der ungehemmten Durchsetzung von Individualrechten verpflichtete Trend in unserer Gesellschaft in wenigen Jahrzehnten durchsetzen konnte, ist nur erklärlich als Folge eines massiven Rückzugs des Mannes aus seiner Verantwortung für das Wohl der Allgemeinheit. Wir leben in einer Kulturrevolution größten Ausmaßes, und die Verantwortung für ihre Auswirkungen trägt der Mann, der seine Verantwortung für seine Frau, seine Familie und die Gesellschaft abgestreift hat.

Nach dieser Bestandsaufnahme mag es manchem Mann so ergehen wie den von mir schon zitierten Frauen, die resignieren wollten, nachdem sie die Frauengestalt in Sprüche 31,10f. studiert hatten. Ich würde eine solche Resignation für heilsam halten, wenn sie Männer zur Erkenntnis ihrer Ohnmacht und ihres männlichen Stolzes führte.

Das Wort Gottes über Mann und Frau ist nicht nur anspruchsvoll, es ist auch unerfüllbar. Wir Menschen haben aus eigener Kraft weder das Wollen noch das Vollbringen, diesem Bild zu entsprechen. Aber gerade diese Erkenntnis führt uns in den Glauben. Wir können als Frau den Weg der Unterordnung nicht gehen, wir können als Mann die von uns verlangte Liebe nicht aufbringen und auch die Verantwortung für unsere Frau, unsere Kinder und die Gesellschaft nicht wahrnehmen. Aber der Glaube bleibt bei dieser Erkenntnis nicht stehen, er spricht zu Gott: Du kannst es, bitte, hilf mir.

5.4 Haupt sein

Was in Epheser 5,25ff. über den Mann steht, ist im tiefsten eine Glaubensbotschaft. Nicht im Blick auf sich, aber im Aufblick auf Christus kann der Mann zu einer frohen Bejahung dieser Aufgaben kommen, die hier von ihm verlangt werden.

Die Hauptaufgabe, vor der er steht, besteht darin, daß er zu einer Bejahung seines Hauptseins findet. In einem Eheseminar stellte ein Teilnehmer fest: Wer weiß heute überhaupt noch, was ein Mann ist? Wir könnten diese Frage auch anders formulieren. Welcher Mann weiß, was ein Haupt ist? Zur Illustration dieser Frage zitiere ich eine hübsche Geschichte aus einem amerikanischen Ehebuch:

»Im Himmel wurden alle Ehemänner von ihren Frauen getrennt und dann gebeten, hinter zwei Schildern Aufstellung zu nehmen. Auf dem Schild auf der linken Seite stand: Pantoffelhelden, auf dem auf der rechten Seite: Häupter. Etwas schier Unglaubliches ereignete sich. Alle Männer, mit Ausnahme eines einzigen kleinen Mannes, stellten sich hinter das Schild mit der Aufschrift Pantoffelhelden. Der einzige Mann von allen Ehemännern aller Zeiten aber stand, weithin sichtbar, allein hinter dem Schild, auf dem Häupter zu lesen stand. Ein Reporter, der dieses sah, kam schnell von der anderen Seite herüber, um diesen Mann zu interviewen. Er sagte: Mein Herr, das ist unglaublich! Hier stehen sie als einziger auf dem Platz für Männer, die wirklich die Häupter ihrer Familien gewesen sind. Wie kommt es, daß sie auf diese Seite gekommen sind als das einzige Familienoberhaupt aller Zeiten? Der Mann antwortete: Ja, das weiß ich auch nicht. Meine Frau sagte mir, ich solle mich hierherstellen!«[8]

Wie finden wir Männer zu einer neuen Schau dessen, was Hauptsein meint? Paulus macht sich in unserem Abschnitt alle Mühe, um ein Verständnis dafür zu wecken. Er vergleicht das Hauptsein des Mannes mit dem Kopf des menschlichen Leibes. Das ist ein guter und hilfreicher Vergleich. Wenn man die Aufgaben des menschlichen Kopfes richtig bedenkt, dann kommt man zum Schluß, daß es Fürsorgeaufgaben für den Leib sind. Unser Leib signalisiert unserem Kopf irgendeinen Notstand, Schwäche, Schmerzen, Hunger oder Durst. Der Kopf geht nun normalerweise daran, Abhilfe zu schaffen. Derjenige Kopf, der beständig gegen die Signale des Leibes arbeitet, ist krank. Normal ist die Fürsorge, und zwar die selbstverständliche Fürsorge.

Am Beispiel des menschlichen Kopfes können wir Männer erkennen, worin unser Hauptsein besteht. Wir sollen sensibel auf die Signale unserer Frau reagieren und sie mit Schutz und umfassender Fürsorge umgeben.

Der Vergleich mit dem menschlichen Kopf enthält noch einen zweiten Aspekt, der ebenfalls für das Hauptsein des Mannes wichtig ist. Unser Kopf ist mit unserem Leib untrennbar verbunden. Beide können nur gemeinsam leben. Genauso untrennbar bin ich als Mann mit meiner Frau in der Ehe verbunden. Ich bin mit ihr zu einer Einheit zusammengefügt. Ich und du sind in der Ehe in einer geheimnisvollen höheren Einheit aufgehoben. Jeglicher Egoismus in der Ehe ist demzufolge zutiefst ehewidrig und unsinnig. Wer in der Ehe egoistisch lebt, schadet sich nur selbst. Paulus drückt diese Tatsache so aus: »Wer seine Frau liebt, der liebt sich selbst« (Eph. 5,28).

Nachdem wir dem Apostel in seiner positiven Argumentation über das Hauptsein des Mannes gefolgt sind, gilt es nun, den negativen Ballast vom Begriff des Hauptes zu entfernen. Unsere Sprache koppelt mit dem Wort »Haupt« die Vorstellung des Hervorgehobenen, des Besonderen, des Vorrangigen und des Höherwertigen. Wir sprechen von Haupt- und Nebenstraßen, von der

Hauptsache und den Nebensachen, vom Hauptkommando und von Hauptkonferenz. All diese Wortschöpfungen verkörpern die Vorstellung von Macht und Einfluß. So ist es erklärlich, daß unsere Gesellschaft eine verkopfte Gesellschaft geworden ist. Die Kopfarbeit zählt mehr als die Handarbeit und wird auch besser bezahlt. Jeder möchte ein »Haupt« sein, jeder möchte Macht und Einfluß haben. Diese ganzen Vorstellungen und Erfahrungen schwingen mit, wenn uns in der Bibel der Begriff »Haupt« begegnet. Deswegen ist eine Begriffshygiene wichtig. Hauptsein in der Bibel bedeutet nicht, in der Befehlszentrale zu sitzen oder im höchsten Rang zu stehen. Was Hauptsein in biblischer Sicht meint, wird uns vielmehr deutlich, wenn wir das Hauptsein Gottes betrachten. Gott ist nach 1. Kor. 11,3 das Haupt Christi. Gibt es irgendeinen Anhaltspunkt in der Bibel, der uns berechtigen würde, das Hauptsein Gottes im Sinne einer Kommandozentrale zu interpretieren? Ganz eindeutig: Nein! Das Verhältnis des Vaters zum Sohn wird ganz anders geschildert. Gott erschafft durch den Sohn die Welt (Hebr. 1,2). Gott schenkt ihm vollen Anteil an seinem Wesen (Hebr. 1,3). Das Hauptsein des himmlischen Vaters erweist sich in reiner Liebe, die dem Sohn das Beste gönnt und gibt. Das gilt es neu zu entdecken: das Wesen des Hauptseins ist Liebe.

Damit stehen wir mitten in unserem Text. »Ihr Männer, liebet eure Frauen.« Im griechischen Urtext steht hier das Wort für die Gottesliebe. Die griechische Sprache unterscheidet drei Aspekte der Liebe, indem sie vom »Eros«, der erotischen Liebe, der »Philia«, der sympathischen Liebe und der »Agape«, der opfernden Liebe spricht. Paulus ermahnt den Mann zur opfernden Gottesliebe.

Wie können wir diese Liebe, die wir nicht schöpfungsmäßig in uns tragen, für unsere Frauen gewinnen? Der Abschnitt Römer 5,1-11 gibt uns darauf eine Antwort. Christus erweist seine Liebe zu jedem von uns persönlich dadurch, daß er für uns gestorben ist, »als wir noch Sünder waren«, also ohne daß wir einen solchen Opfertod verdient hätten. Aus reiner Barmherzigkeit, nur aus dem einzigen Grund, um uns Anteil an der ewigen Herrlichkeit Gottes zu schenken, nahm Christus den Kreuzestod auf sich. Diese Liebe Christi, die er mit seinem Tod besiegelt hat, ist die einzige Quelle der Gottesliebe, die uns offensteht. Wenn wir uns diese Liebestat Christi persönlich zusprechen lassen und im Glauben ergreifen, empfangen wir Anteil an der Gottesliebe, die dann der Heilige Geist in unser Herz ausgießt.

Die Ehe erweist sich in dieser Perspektive als ein großes »Missionsfeld Gottes«. Dem Mann wird, ob er will oder nicht, eine Aufgabe zugemutet, die seine Möglichkeiten und Fähigkeiten restlos übersteigt. Es gibt für ihn letztlich nur zwei Möglichkeiten. Entweder arrangiert er sich auf irgendeine Weise mit seiner Unzulänglichkeit und betrügt damit sich selbst und seine Frau, oder er flieht in seiner Ohnmacht zu Gott und bittet ihn um Hilfe. Walter Trobisch hat in seinem ausgezeichneten Büchlein »Der mißverstandene Mann« die vielen Abwehr- und Fluchtversuche nachgezeichnet, die der Mann unternimmt, wenn er sich seiner Ohnmacht bewußt zu werden beginnt.[9] Doch all diese Versuche enden schließlich in der Wüste. Der einzig sinnvolle und auch der einzig männliche Ausweg aus der Ohnmacht ist es, sie vor Gott einzugestehen und ihn um die göttliche Liebe zu bitten.

Wie äußert sich nun die Liebe im praktischen Eheleben? Paulus beschreibt sie in ihrer Ausrichtung und in ihrer Auswirkung, und er bezieht sich dabei konsequent auf Christus. Nur wenn wir Männer das Leben, das Leiden, das Sterben und Auferstehen unseres Heilandes Jesus Christus studieren, gewinnen wir praktische Anhaltspunkte dafür, wie unsere Liebe sich konkret in unserer Ehe auswirken kann. Dies meint Paulus auch, wenn er in 1. Kor. 11,3 Christus das Haupt des Mannes nennt. Nur der Mann, der im Hauptsein Christi sein eigenes Hauptsein vorgebildet sieht, kann seinen Beitrag zu einer erfüllten Ehe in rechter Weise einbringen. Wir wollen nun mit dem Apostel die Ausrichtung und die Auswirkung der Liebe Christi betrachten und daraus Schlüsse für die vom Mann geforderte konkrete Liebe ziehen.

5.4.1 Die Ausrichtung der Liebe Christi

Das ganze Leben und Sterben Christi war von einer einzigen Zielsetzung bestimmt: von seiner Hingabe an die Gemeinde. Hingabe bedeutet Verzicht auf Selbstverwirklichung. Christus hatte nur eines im Sinn: das Wohl und das Heil seiner Gemeinde. In einmaliger Weise beschreibt der Philipperbrief im 2. Kapitel diesen Verzicht Christi. Christus entäußerte sich seiner himmlischen Herrlichkeit. Er, der ewige Gottessohn, zwängte sich in eine Menschengestalt hinein und nahm damit Anteil an der Vergänglichkeit und Sündenanfälligkeit menschlicher Existenz. Er erniedrigte sich, ließ sich verkennen, schmähen und zu Tode peinigen.

In solcher Hingabe soll sich auch die Liebe des Mannes zu seiner Frau erweisen. Auch der Mann soll in seiner Ehe nicht seine Lebensziele, seine Wünsche, seine Phantasien, seine Pläne und seine Bequemlichkeiten verfolgen, sondern er soll in allem, was er denkt, plant und tut, an das zeitliche und ewige Wohl seiner Frau und seiner Kinder denken. Eheleben heißt für den Mann, immer in der Bereitschaft leben, seine eigenen Wünsche dranzugeben. Das ist nicht leicht, und es erfordert viel Übung, bis er diesen Weg für sich akzeptiert. Ohne die Hilfe seiner Frau wird es ihm schwerlich gelingen, seinen Egoismus zu überwinden. Wie wichtig ist es gerade in dieser Beziehung, daß er mit seiner Frau in einem andauernden Dialog steht. Der liebende Mann ist ein hörender Mann. Er sucht den Rat und die Hilfe seiner Frau, er läßt sich gern helfen und ist nicht zu stolz, die Hilfe seiner Frau zu erbitten.

Die liebende Hingabe sucht immer das Beste des anderen. Eine Seelsorgerin, die wir um Einblick in ihre Erfahrung bei der Eheseelsorge baten, berichtete uns folgendes: Sie kommt immer wieder zusammen mit jungen Ehepaaren, in denen der Mann hauptamtlich im Gemeindedienst steht. Sie erzählte uns von der leider sehr verbreiteten Not in diesen jungen Ehen. Die Ehefrauen seien zutiefst enttäuscht. Ihr Mann habe für jede gemeindliche Aufgabe und für jede Sorge irgendeines Gemeindegliedes Zeit, aber nicht für sie selbst.

Hier liegt in der Tat eine große Not gerade in christlichen Ehen. Die liebende Hingabe des Mannes muß immer bei der eigenen Frau und Familie beginnen. Der beste Einsatz im Reich Gottes ist gefährdet, wenn er nicht auf der Basis eines überzeugenden Ehe- und Familienlebens steht. Die Ermahnung zur Hingabe nötigt die Männer, ihre Prioritätenliste in Ordnung zu bringen. An erster Stelle dieser Liste muß seine Frau stehen, dann kommen die Kinder und dann erst kommen die beruflichen und gemeindlichen Verpflichtungen. Diese Reihenfolge geht uns Männern immer wieder schwer ein, aber sie ist die logische Folge der sich hingebenden Liebe.

5.4.2 Die Auswirkung der Liebe Christi

Die Liebe Christi wirkt sich in der Fürsorge aus. Paulus schreibt, daß Christus die Gemeinde »nährt und pflegt«. Alles, was die Gemeinde an irdischen und himmlischen Gütern für ihren Weg durch die Zeit braucht, erhält sie von Christus geschenkt. Dies ist eine außerordentlich tiefe Aussage, die uns die Liebe, die Größe und die allumfassende Fürsorge Christi verdeutlichen kann. All das, was die Gemeinde Jesu Christi zum leiblichen und geistlichen Leben benötigt, reicht ihr der Herr dar. Ob wir an die Luft zum Atmen, die Speise für den Leib, die Gesundheit, die berufliche Tätigkeit, die Freunde, die seelischen Kräfte oder an die biblischen Verheißungen denken, aus denen unser Glaube lebt, all das ist Geschenk Christi. Welch ein Lebensprogramm entfaltet sich hier für den Mann, wenn er sich vor die Aufgabe gestellt sieht, in ähnlicher Weise und ähnlich umfassend für seine Frau zu sorgen. Ich kann dieses Lebensprogramm hier nur andeuten, und zwar in drei Bereichen.

Die Fürsorge des Mannes im *leiblich-materiellen* Bereich:

Zunächst ist hier an den eigentlichen leiblichen Bereich zu denken. Der Mann hat die Aufgabe, seiner Frau in der Ehe leibliche Befriedigung zu schenken. Ich benutze an dieser Stelle bewußt das Wort »Befriedigung«. Es ist in Mißkredit gekommen durch den Begriff »Selbstbefriedigung«. Aber es ist im Grunde ein schönes und inhaltsreiches Wort, denn es enthält den »Frieden«. Wenn der Mann es versteht, seiner Frau in der Intimgemeinschaft leibliche Erfüllung zu schenken, schenkt er ihr Frieden. Da die Bibel ein ganzheitliches Menschenbild hat, dürfen Christen den leiblichen Bereich nicht abwerten. Dies bedeutet für den Ehemann, daß er alle Anstrengung darauf zu richten hat, daß seine Frau im ehelichen Leben leibliche Erfüllung und Beglückung erfährt. Er sollte nicht zu stolz sein, mit seiner Frau darüber zu sprechen oder auch einen Seelsorger um Rat zu bitten.

Zur Fürsorge gehört natürlich auch der materiell-finanzielle Bereich. In der Perspektive des biblischen Bildes vom Mann kommt ihm ohne Zweifel die Verantwortung für das materielle Auskommen der Frau zu. Ohne Notstand sollte er diese Verantwortung nicht seiner Frau zum Teil oder ganz übertragen. Die immer mehr um sich greifende Erwerbstätigkeit der verheirateten Frau ist nach meiner Überzeugung zunächst einmal eine starke Anfrage an die Liebe des Mannes. Nur wenn sein an die Liebe gebundenes Gewissen es zuläßt, sollte er seiner Frau diese zusätzliche Belastung zumuten. Vor allem sollte er, wie schon erwähnt, seiner Frau für ihre häuslichen Tätigkeiten die Dankbarkeit entgegenbringen, die sie mit Recht und Billigkeit erwarten darf.

Die Fürsorge im *geistig-seelischen* Bereich:

Viele Männer verkriechen sich, nachdem sie von der Arbeit nach Hause gekommen sind und gegessen haben, hinter der Zeitung oder hinter ihren persönlichen Interessen. Sie vernachlässigen das Gespräch und damit die geistige Auseinandersetzung, die ihre Frau dringend braucht. Dabei ist es so einfach, ihr Anteil zu schenken an den Erlebnissen des Tages, sie um ihre Stellungnahme oder auch um ihren Rat dazu zu bitten. Auch Probleme der Erziehung, Probleme im Verwandten- und Freundeskreis sowie der gesamtgesellschaftlichen Entwicklung sollten immer wieder gemeinsam besprochen werden. Dabei gilt es für beide, gründlich nachzudenken und differenziert zu urteilen. Erst wenn sich der geistige Austausch über die Alltäglichkeiten erhebt, gewinnt das Gespräch zwischen Mann und Frau seinen eigentlichen Reiz und seine wirkliche Schönheit, die im Zusammenklang unterschiedlicher Denkansätze bestehen.

Nun der seelische Bereich. Hier findet der Mann eine ganz besondere Aufgabe. Da die Frau stärker in der Emotionalität lebt als der Mann, ist sie auch stärker von ihrem Gefühlsleben abhängig. Der Mann muß darauf Rücksicht nehmen, aber er kann auch der Frau helfen, nicht Sklavin ihrer Gefühle zu werden. Seelische Belastungen können im liebevollen Gespräch abgebaut werden. Fürsorge für die Seele der Frau bedeutet auch, daß der Mann sich schützend vor die Frau stellt, wenn Kinder, Verwandte oder Bekannte ihr zu schaffen machen. Ich habe es selbst erst langsam lernen müssen, daß ich gefordert bin, wenn sich unsere Kinder gegenüber meiner Frau Frechheiten herausnehmen. Früher habe ich gedacht, damit müßte meine Frau eigentlich allein fertigwerden, und ihren hilfesuchenden Blick habe ich oft übersehen. Heute habe ich erfaßt, daß es zu meiner Fürsorgepflicht gehört, die Kinder in ihre Schranken zu weisen.

Weiterhin gehört es zur seelischen Fürsorge, daß der Mann für eine gereinigte und fröhliche Atmosphäre zu Hause Sorge trägt. Was unausgesprochen an Vorbehalten und Verletzungen im Raum steht, muß in das Licht der Vergebung gezogen werden. Es ist schön und befreiend für die ganze Familie, wenn der Mann Humor hat (und natürlich auch die Frau). Ein passender Witz kann z.B. die Stimmung bei Tisch auflockern und bessern. Bei uns zu Hause hängt die halbe Küchentüre voller Karikaturen. Wenn ich selbst bedrückt bin, holt mich ein Blick auf diese Sammlung oft auf den Teppich zurück.

Auch das gemeinsame Ausgehen hat hier seinen Platz. Ab und zu und soweit es der Geldbeutel erlaubt, hat der Mann die schöne Aufgabe, zusammen mit seiner Frau den Alltag zu verlassen und einen Abend nur mit ihr zu teilen. Er wird erleben, wie seine Frau – und damit seine Ehe – auflebt.

Fürsorge im *geistlichen* Bereich:

Über das Versagen des Mannes in dieser Hinsicht haben wir schon nachgedacht. Hier ist eine Kurskorrektur dringend angezeigt. Es ist nicht unter der Würde des Mannes, sondern macht sie gerade aus, daß er zu Tisch oder am Kinderbett betet. Als sich am Anfang des letzten Jahrhunderts ein Berliner Erweckungsprediger mit dem bekannten Philosophen Fichte über den Glauben unterhielt, bekam er von ihm zur Antwort: »Das Kind betet, der Mann will«. Mir scheint, daß dieses falsche Motto Schule gemacht hat. Was nützt all unser Wollen, wenn es nicht vom Gebet und damit vom Willen Gottes getragen wird!

Zur geistlichen Fürsorge gehört ferner die regelmäßige Fürbitte für die Familie und die Verwandtschaft. Ebenso gehört zu einem natürlichen geistlichen Klima im Haus auch die Praxis der Vergebung. Der Mann darf nicht zu stolz sein, seine Frau und, wenn nötig, auch die Kinder um Vergebung zu bitten. Dann hat er auch das Recht, die anderen zu ermahnen, selber zu vergeben.

Der geistlich fürsorgende Mann wird schließlich auch dafür Verantwortung übernehmen, daß das Wort Gottes in der Familie die letzte Autorität bekommt und behält. Dann wird er zusammen mit seiner Frau erfahren, was schon viele christliche Ehepaare dankbar erlebt haben. Die Kinder lernen desto schneller Gehorsam, je deutlicher sie spüren, daß auch die Eltern dem Wort Gottes gehorsam sind. Geistliche Fürsorge ist Hirtendienst. Wer sich in sie einüben will, sollte immer wieder Psalm 23 lesen. Dort findet er beim Hirten aller Hirten die rechte Anleitung.

So etwa kann die Liebe des Mannes in Hingabe und Fürsorge Gestalt gewinnen. Natürlich konnte ich in diesem Kapitel nur einige Grundlinien männlicher Liebe aufzeigen. Aber ich denke, sie genügen, um die Richtung anzugeben, nach welcher wir Männer uns orientieren müssen.

Abschließend möchte ich noch einige Gedanken zur Leitungsverantwortung des Mannes äußern. Daß der Mann sich damit so schwer tut, echte, aus der Liebe und Fürsorge entspringende Leitungsverantwortung zu übernehmen, hängt nach meiner Überzeugung eng mit seiner Wesenhaftigkeit zusammen. Er, der immer auf der Suche nach der Vervollkommnung seines Wesens in der Frau ist, lebt in einer abgründigen Angst vor der Überlegenheit der Frau. Jemand sagte mir einmal, daß jeder Mann, der nicht im Glauben auf dem Fundament Christi steht, seiner Frau im Grunde ausgeliefert ist.

Ich wollte zunächst gegen diese radikale These protestieren. Aber bei näherem Nachdenken mußte ich ihr zustimmen. Der Mann ist, schöpfungsmäßig gesehen, gegenüber der Frau der Unterlegene. Er kann von der Frau in der Tat »um den Finger gewickelt werden«. Wie soll ein solcher Mann, der in diesem schöpfungsbedingten Gefälle lebt, die verantwortliche Leiterschaft für seine Frau und Familie übernehmen? Er kann es nicht, und wo er es versucht, kommen pervertierte Formen der Leitung heraus. Erst der durch die Liebe Gottes erlöste und befreite Mann kommt in die Lage, seine Leitungsverantwortung zu erkennen und in Liebe und Fürsorge wahrzunehmen. Die unterschwellige, durch die ganze Menschheitsgeschichte laufende Konkurrenz der Geschlechter, die Aberkennung der Leitungsverantwortung des Mannes durch die Frau und die verunglückten Leitungsversuche des Mannes, all die damit verbundene unendliche Not in den Ehen kann überwunden werden durch die Hilfe Gottes, die er in Jesus Christus uns allen anbietet. Wohl dem Mann, dessen Hilfe der Gott Jakobs ist! (Psalm 146,5).

6. Die erste Ehekrise

Seit dem Sündenfall ist der Mensch Kampffeld zwischen Gott und Satan. Gott sucht in seiner grundlosen Liebe den an sich selbst verlorenen Menschen, ruft ihn durch das Evangelium zu sich und schenkt ihm durch die Gemeinschaft mit Christus ewiges Leben und volle Genüge in Zeit und Ewigkeit. Dabei gestattet er Satan, dieses Werk durcheinanderzubringen und den Menschen immer wieder so zu vernebeln und zu verwirren, daß er Licht für Finsternis und Finsternis für Licht hält, das Gute als Böses mißversteht und das Böse als Gutes. Wir leben also in einer sich immer wieder selbst durchdringenden doppelten Wirklichkeit. Der Teufel geht umher wie ein brüllender Löwe und sucht Beute (1. Petr. 5,8). Dieser Tatsache gilt es mutig Widerstand entgegenzusetzen.

Der Ehe kommt in diesem geistlichen Kampf, in den wir hineingezogen werden, eine entscheidende Bedeutung zu. Wenn die Ehe als Hort beglückender Gemeinschaft und Geborgenheit zerstört ist, hat Satan ein leichtes Spiel mit dem Menschen. Wenn sie aber erfahren wird als Abglanz göttlicher Fürsorge und Liebe, dann ist sie ein uneinnehmbares Bollwerk im Kampf gegen die Mächte der Finsternis. Um uns die Ehe als geistliche Kraftquelle im Kampf gegen die täglichen Verführungen Satans klarzumachen, betrachten wir nun den biblischen Bericht vom Sündenfall des ersten Menschenpaars in 1. Mose 3.

Nirgendwo sonst wird uns die Tarnung, die Taktik und die Gemeinheit des Widersachers Gottes (der auch Widersacher der Gemeinde Jesu ist, 1. Petr. 5,8) so erregend enthüllt wie in diesem biblischen Dokument. Was Luther meint, wenn er den Teufel charakterisiert mit den Worten »groß Macht und viel List sein grausam Rüstung ist« – in diesem Kapitel kann man es studieren. Nirgendwo sonst bekommen wir einen so erschütternden Einblick in die Schwachheit und Verführbarkeit des Menschen. Wer sich zu Herzen nimmt, wie trickreich und erfolgreich Satan das erste Ehepaar bekämpft und besiegt, der lernt mit unserem Reformator nachzubuchstabieren: »Mit unserer Macht ist nichts getan, wir sind gar bald verloren.«

Gleichzeitig kann man aber auch in diesem Kapitel das Staunen über die nachgehende Liebe Gottes lernen. Adam und Eva fallen, aber sie fallen nicht ins Bodenlose; Gottes Hand fängt sie auf. Sie werden mit großem Ernst bestraft, aber sie werden nicht verflucht wie die Schlange und der Ackerboden.

Wir wollen nun versuchen, die bleibende Bedeutung des Sündenfallberichtes, seinen seelsorgerlichen Anspruch und Zuspruch, in drei konzentrischen Kreisen zu erschließen. Erstens fragen wir nach dem Ziel und der Taktik Satans, zweitens beschäftigen wir uns mit der Gefährdung des Menschen und drittens betrachten wir die strafende Liebe Gottes.

6.1 Ziel und Taktik Satans

Es ist die tiefste Absicht des Widersachers, den Menschen aus der Liebe, Geborgenheit und Fürsorge Gottes und damit aus der Gemeinschaft mit Gott herauszulösen. Satan selbst hat sich aus dieser Gemeinschaft entfernt, er wollte sich nicht mehr lieben lassen, er wollte nicht mehr länger nur Empfangender sein, er wollte seine Existenz selbst gestalten. Das ist die Tat, die Haltung und das Wesen Satans. Und in diese Tat, in diese Haltung und in dieses Wesen versucht er die Menschen hineinzuziehen. Dieses Ziel verfolgt Satan äußerst geschickt. Ein Mensch, der sich im Glauben der Fürsorge Gottes gewiß ist, ist für Satan unantastbar. Aber ein Mensch, der daran glaubt, von Gott vernachlässigt oder vergessen zu sein, bietet Satan viele Angriffsziele.

Ich denke, daß wir an dieser Stelle einmal uns ganz persönlich fragen, wo wir stehen. Sehen wir die konkrete Fürsorge und Regie Gottes über unserem Leben? Können wir wie David sprechen: »Mir wird nichts mangeln«? Sind wir uns gewiß, daß Gott uns alles, was wir zum Leben brauchen, gern und in Fülle gibt? Dies ist die hohe Schule des Glaubens, dies ist eine Seligkeit, über die hinaus es nichts gibt, wenn ein Christ im Glauben weiß: »Der Herr ist mein Hirte.« Oder leben wir unter dem bedrängenden Gedanken, daß wir im Leben zu kurz gekommen seien? Daß Gottes Liebe zwar an viele andere Menschen in hohem Maß, aber nur sehr bescheiden an uns gedacht hat? Daß Gott uns nicht genug gönnt und gibt an himmlischen und irdischen Gütern? Schon an dieser Stelle entscheidet sich der Kampf Gottes und Satans um uns. Leben wir getrost in der Zuversicht, daß Gott uns alles gibt, was wir brauchen, oder werden wir bestimmt von Selbstmitleid, Unzufriedenheit und Gottesanklage?

Betrachten wir unseren Text. Es liegt Satan alles daran, bei Eva den Eindruck zu erwecken, als ob Gott den beiden ersten Menschen bestimmte Güter und Gaben vorenthielte. Die ganze Argumentation Satans hat nur dieses eine Ziel, Mißtrauen gegen die Liebe und Fürsorge Gottes zu säen. Unausgesprochen, aber deswegen nicht minder deutlich, steht die Behauptung im Raum: Gott gönnt es euch nicht, ihm gleich zu sein, weil er euch knechten und ausbeuten will.

Das Ziel und die Taktik Satans haben sich bis heute nicht verändert. Der aus der paradiesischen Gottesgemeinschaft vertriebene Mensch ist der Verführung preisgegeben, und sie ist so total, daß der Mensch seine Gebundenheit als Freiheit, seine Sinnlosigkeit als Sinn und seine Lieblosigkeit als Liebe mißversteht. Niemand hat das Drama des verführten Menschen so ergreifend dargestellt wie Paulus im Römerbrief. Der gefallene Mensch, der nach wie vor aus den Werken der Schöpfung eine Kenntnis von Gott hat und für dessen Liebe und Fürsorge dankbar sein müßte, tritt die Wahrheit mit Füßen und wendet sein Herz vergänglichen und nichtigen Dingen zu und fällt so aus der Gnade Gottes. Das bedeutet nicht, daß der Mensch nun nicht mehr unter der Liebe und Fürsorge Gottes stände, aber es heißt, daß der Mensch, der die Abhängigkeit von Gott wissentlich und willentlich flieht, nun von sich selbst abhängig wird und sich gegenseitig zugrunde richtet. Es gilt nun das Gotteswort: »Du mußt innewerden und erfahren, was es für Jammer und Herzeleid bringt, den Herrn, deinen Gott zu verlassen und ihn nicht zu fürchten« (Jer. 2,19). Der von sich selbst abhängige Mensch gerät unter die Zwänge seiner egoistischen Triebe und Gedanken. Wahrlich, ein bejammernswertes Bild, das dieser von Satan verführte und besiegte Mensch bietet.

6.2 Unsere Gefährdung

Wir haben bis jetzt von der List und Macht Satans und der Verführbarkeit des Menschen gesprochen. Wenn wir uns nun anhand des Sündenfallberichts die Gefährdung Adams und Evas ansehen, dann können wir feststellen, daß Satan beide an spezifischen Schwachstellen anpackt, versucht und besiegt. Das Sündenfallgeschehen zeigt also nicht nur generell die Versuchlichkeit und die Schwachheit des Menschen, sondern auch speziell die Versuchlichkeit und die Schwachheit der Frau und des Mannes. Ehe ich auf diese Unterschiede eingehe, möchte ich darauf hinweisen, daß die Ehe ganz logischerweise der wichtigste und bevorzugte Angriffspunkt Satans ist. Ich knüpfe hier an die eben in 6.1 geäußerten Gedanken an. Der Mensch steht unter der liebevollen Regie Gottes. Er darf im Glauben wissen, daß ihm nichts mangeln wird. Unter den vielen guten irdischen Gaben Gottes, die der Mensch empfängt, wie z.B. sein physisches Leben, seinen Verstand, seine fünf Sinne, Nahrung und Kleidung, Zuwendung durch andere Menschen, um nur einige zu nennen, steht die Ehe zweifellos an vorderster Stelle. Wo könnten wir sonst in dieser Welt der Liebe Gottes so gewiß werden wie in einer Ehe, die sich im gottgewollten Zueinander und Füreinander der beiden Eheleute erfüllt? Was gibt es unter den irdischen Gaben dieser Welt Schöneres für den Mann, als die umfassende Hilfe seiner Frau zu erkennen und zu erfahren? Was gibt es für die Frau Schöneres, als den Schutz und die Fürsorge ihres Mannes zu erkennen und zu erfahren? Nichts gibt uns einen so schönen Vorgeschmack unserer ewigen Bestimmung, Gemeinschaft mit Gott zu haben, als eine Ehe, die als tägliche Wohltat Gottes erlebt wird. Es ist ganz klar, daß Satan die Ehe deswegen mit besonderem Einsatz bekämpft. Er will die Menschen aus der Gewißheit herausziehen, von Gott heiß geliebt zu sein. Deswegen legt er sein besonderes Augenmerk darauf, alle Spuren der Liebe Gottes in dieser Welt zu zerstören, und die Ehe als die deutlichste dieser Spuren ist sein vorderstes Kampfgebiet.

Wie geschicht nun die spezielle Versuchung Evas und Adams?

Eva wird aus dem Schutz und aus der Fürsorge Adams geschickt herausgelöst. Ohne daß sie es merkt, wird sie von Satan ihrer Bestimmung, Adam eine Hilfe zu sein, entfremdet. Anstatt sich sofort dem Schutz und der Fürsorge des Mannes anzuvertrauen und ihn gerade darin in seiner Verantwortung ernst zu nehmen, fällt sie eigenmächtig ihre katastrophale Entscheidung. Hier liegt die Schwachstelle der Frau. Wie wir in den Kapiteln 4 und 5 gesehen haben, ist die Frau in einer bestimmten Beziehung dem Mann überlegen. Wo der Mann nur seinen Intellekt einsetzen kann, verfügt sie zusätzlich noch über die Gabe der Intuition. Diese in ihrem Wesen begründete besondere Gabe soll und darf sie nach der Ehekonzeption Gottes ihrem Mann zur Verfügung stellen. Sobald die Frau aber ihre Überlegenheit egoistisch für sich selbst einsetzt und sie nicht mehr ihrem Mann als Hilfe zuwendet, gerät sie in eine Gefahrenzone. Hier liegt der Grund für die dauernden Ermahnungen zur Unterordnung unter den Mann, die der Frau im Neuen Testament gegeben werden (Eph. 5,22; Kol. 3,18; Tit. 2,5 und 1. Petr. 3,1.5). Diese Ermahnungen sind aus seelsorgerlicher Liebe gesprochen. Die besondere Gabe der Frau, ihre Überlegenheit über den Mann durch die Kraft intuitiver Erfassung einer Situation, stellt gleichzeitig ihre große Aufgabe dar. Eva wurde an dieser Stelle verführt. Wenn wir ihren Sündenfall als exemplarisches Geschehen verstehen wollen, dann bedeutet dies für die Ehefrau, daß sie sich ihrer besonderen Gefährdung stets bewußt sein muß, ihre Überlegenheit über den Mann gegen ihn auszuspielen, anstatt ihm damit eine gute Hilfe zu sein.

Die spezifische Gefährdung Adams liegt an einer anderen Stelle. Er wußte aus dem Munde Gottes, was er zu tun und zu lassen hatte, um in der Gemeinschaft mit Gott leben zu können (1. Mose 2,15-17). Dieses Wissen verpflichtete ihn, für seine Frau umfassende Fürsorge und ganzheitlichen Schutz zu übernehmen. Als Eva von der Frucht nahm, war er neben ihr (1. Mose 3,6). Seine Aufgabe wäre es gewesen, aus Liebe zu seiner Frau sie vor dem Schritt in den Abgrund zu bewahren. Es kann nur als Ausdruck tiefer Verantwortungs- und Lieblosigkeit gesehen werden, daß sich Adam in dieser Lage nicht schützend vor Eva stellte, sondern statt dessen die dargereichte Frucht ebenfalls aß. Wie tief ist der Graben zwischen ihm und Eva, daß er, nachdem ihn Gott gestellt hat, alle Schuld auf sie – und auf Gott! – abzuwälzen versucht! »Das Weib, das du mir zugesellt hast, gab mir von dem Baum, und ich aß.« Anstatt sich nun wenigstens in dieser Situation schützend vor seine Frau zu stellen, gibt er sie dem Gericht Gottes preis.

Hier liegt der wunde Punkt beim Mann. Er steht in der Gefahr, die Verantwortung und Liebesverpflichtung für seine Frau nicht wahrzunehmen. Deswegen wird der Mann im Neuen Testament speziell dazu ermahnt, seine Frau selbstlos und mit Hingabe zu lieben und sie zu ehren (Eph. 5,25; Kol. 3,18; 1. Petr. 3,7). Man kann auch hier negativ formulieren: Wenn der Mann versäumt, sich im Aufblick zu Christus Liebe für seine Frau zu erbitten und zu praktizieren, wenn er seiner Liebes- und Fürsorgeverpflichtung nicht nachkommt, dann gerät er in die Gefahrenzone der Verführung. Adam ist das klassische Beispiel dafür.

6.3 Die strafende Liebe Gottes

Die Strafworte Gottes, die er an Eva und Adam richtet, müssen wir nun noch genauso eingehend betrachten wie das eigentliche Geschehen des Sündenfalls, denn auch sie tragen exemplarischen Charakter. Es sind Strafworte, aus denen hinter allem Ernst die bleibende Liebe und Fürsorge Gottes hervorleuchten.

Anders als die Schlange und der Ackerboden werden die ersten Menschen nicht verflucht, sondern gestraft. In jedem Strafhandeln Gottes, ja selbst in den großen endzeitlichen Gerichten, ist noch das liebende Erbarmen Gottes verborgen, der nicht will, daß der Sünder verlorengeht, sondern daß er sich bekehrt. Erst wenn Gott schweigt, ist es für den Menschen zu spät. Solange Gott durch Gericht und Gnade noch handelt und spricht, besteht die Chance zur Umkehr. Wir wollen also hinter der Strafe, die Gott über Adam und Eva verhängt, seine rufende und suchende Liebe erkennen.

Die Strafworte für Eva und Adam lauten unterschiedlich (1. Mose 3,16-19). Sie betreffen sowohl die unterschiedlichen Lebensbereiche von Frau und Mann als auch ihre spezifische Gefährdung, von der eben die Rede war. Das Leben der Frau und das Leben des Mannes wird von Gott erschwert. Das jeweils besondere Versagen von Mann und Frau wird beim Namen genannt. Sehen wir uns nun die Strafworte im einzelnen an.

Die Strafe für Eva, die sie allen anderen Frauen nach ihr weitergegeben hat, besteht in einer Erschwerung der Schwangerschaft und des Gebärens. Die Traurigkeit und die Angst, von der Jesus in Johannes 16,21 spricht, kommen über sie. Damit wird jede Schwangerschaft der Frau, so deutlich sich dabei auf der einen Seite der Segen Gottes ausdrückt, auf der anderen Seite für sie zur Ermahnung, an ihre besondere Gefährdung zu denken.

In der Auslegung ist der zweite Teil des Strafwortes an Eva sehr umstritten. »Dein Verlangen soll nach deinem Mann sein, aber er soll dein Herr sein.« Feministinnen sprechen hier von einem eklatanten Beweis für den patriarchalistischen Gottesbegriff des Alten Testaments. Es ist für sie eine ausgemachte Sache, daß ein Gott, der die Herrschaft des Mannes über die Frau begründet, nur Ausgeburt einer herrschsüchtigen Männerseele sein kann. Aber auch andere Ausleger tun sich mit diesen Aussagen schwer. Man vermag hier keine Schöpfungsordnung, sondern nur »Schöpfungsstörung« (H. Thielicke) zu erkennen. Doch was wäre die Konsequenz einer solchen Auslegung? Wenn Gott wirklich als Folge des Sündenfalls das eine Geschlecht der Willkür des anderen preisgäbe und damit die Frau mit einer ungleich härteren Strafe als den Mann bestrafte, wäre er dann noch ein Gott der Liebe? Dies kann offensichtlich nicht gemeint sein. Sehen wir uns deswegen den Wortlaut von 1. Mose 3,16b noch einmal sorgfältig an.

Zunächst richtet Gott das Verlangen der Frau zum Mann hin aus. Beim Fall hatte Eva ihr Verlangen nach der von Satan verheißenen Frucht gerichtet. Jetzt wird sie von Gott strafend, aber liebevoll ermahnt, ihrer ursprünglichen Bestimmung gemäß zu leben. Die Frau soll und darf Hilfe ihres Mannes sein. Sie soll ihr Verlangen danach ausrichten, ihrem Mann in allen Dingen eine gute Hilfe zu sein. Gott erinnert also die Frau an ihre Aufgabe und Gabe, ihrem Mann treu zur Seite zu stehen und alles, was sie ist und hat, so einzusetzen, daß ihm dadurch geholfen wird.

Ähnlich ist der nächste Teilvers auszulegen: »Aber er soll dein Herr sein«. Bei ihrem Fall hatte sich Eva einem anderen Herrn unterstellt, nämlich Satan. Dies war ein Herr, der seine Herrschaft egoistisch und brutal ausübte. Jetzt wird sie ermahnt, sich ihrem Mann als Herrn zu unterstellen. Die »Herrschaft« des Mannes darf hier nicht im Sinne eines Despotentums mißverstanden werden. Es handelt sich hier um ein Gotteswort, und deswegen ist der Maßstab der Gottesherrschaft anzulegen. Was aber Gottes Herrschaft bedeutet, ist an Stellen wie z.B. Jes. 40,9-11 oder Micha 5,1ff. abzulesen. Gott herrscht in unendlicher Liebe, Hingabe und Fürsorge. Diese Herrschaftsart und nichts anderes ist der Maßstab für die Herrschaft des Mannes über die Frau. Gott ermahnt die Frau, ihrem Mann eine Hilfe zu sein und sich seiner Liebe und Fürsorge anzuvertrauen und zu unterstellen. Wir finden hier keine »Schöpfungsstörung«, sondern Wiedereinsetzung der ursprünglichen Schöpfungsordnung. Das feministische Mißverständnis dieses Strafwortes muß überwunden werden. Im Lichte des Evangeliums findet die Frau in dieser Ermahnung Wegweisung zu einem erfüllten Leben als Ehefrau.

Im Strafwort Gottes an den Mann wird zuerst das spezifische Versagen Adams angesprochen. »Weil du gehorcht hast der Stimme deines Weibes ...« Adam hatte das Gebot und die Verheißung für ein seliges Leben in der Gemeinschaft mit Gott aus Gottes eigenem Mund empfangen. Gottes Wort war damit für ihn zur höchsten Autorität geworden. Seinem Schöpfer treu zu sein und auch seine Frau auf den Weg des Lebens zu leiten, war seine Hauptaufgabe. Gerade an dieser entscheidenden Aufgabe versagt er. Anstatt der Stimme Gottes zu gehorchen und sich selbst und die Frau vor der Katastrophe zu bewahren, gehorcht er der Stimme Evas.

Auch hier fallen Strafe, Liebe und Verheißung zusammen. Adam soll erkennen, daß Gottes Wort die Grundlage für ein erfülltes Leben ist, und gleichzeitig wird er davor gewarnt, den Gehorsam Gottes zu verlassen. Wo der Mann sich nicht mehr Gott und seinem Wort unterstellt, wird er anfällig für Verführungsmächte. Gleichzeitig gerät er in eine verhängnisvolle Abhängigkeit von der Frau, die ihrerseits, wenn sie nicht an Gott und sein Wort gebunden ist, dann mit dem Mann machen kann, was sie will. Man kann es auch anders ausdrükken: Je mehr sich der Mann von Gott entfernt, desto unsicherer wird er in seinem Verhalten gegenüber der Frau. Es ist göttliche Weisheit für den Mann, was Paulus in 1. Kor. 11,3 offenbart. Nur wenn der Mann in Christus sein »Haupt« im Glauben erkennt, vermag er »Haupt« seiner Frau zu sein, also ihr in Hingabe und Fürsorge zu begegnen. Solange er nicht in Christus gegründet ist, wird er in einer untergründigen, das eheliche Verhältnis belastenden Abhängigkeit von seiner Frau leben.

Wie beim Strafwort an Eva erschwert Gott auch Adams Leben. Seine Arbeit wird mühselig. Um seinetwillen, d.h. um seines Ungehorsams willen wird der Acker verflucht. Die ganze kreatürliche Welt wird zusammen mit dem Menschen unter die Vergänglichkeit gestellt. So werden Mühsal, Krankheit und Tod zu Mahnungen Gottes an den Mann, Gott gehorsam zu bleiben.

Der biblische Bericht vom Sündenfall des ersten Menschenpaares zeigt uns Männern und Frauen eindrücklich, wo unsere besonderen Gefährdungen liegen. Die Frauen stehen in der Gefahr, sich über ihre Männer zu erheben, und die Männer stehen in der Gefahr, ihre Liebesverpflichtung für ihre Frauen zu vergessen. Mit eigenen Kräften werden wir diese Gefahren nicht meistern können. Satan ist listiger und stärker als wir. Aber die Erkenntnis unserer Gefährdungen kann uns zu Christus führen. Er steht bereit, uns zu helfen und uns seine Kraft zuzulegen. Mit seiner Hilfe können wir in den alltäglichen Versuchungen Satans bestehen, und dann werden gerade unsere Gefährdungen zur Quelle neuen Segens für unsere Ehen. Wo die Frau sich als Hilfe ihres Mannes neu entdeckt und der Mann die ihm von Gott geschenkte Liebe seiner Frau weiterschenkt, da wird die Ehe wieder zu dem, was sie eigentlich sein soll, das stärkste Bollwerk gegen Satan und der schönste Vorgeschmack des Himmels.

7. Wenn Männer versagen

In diesem Abschnitt möchte ich die neuzeitlichen emanzipatorischen Bewegungen, speziell die Emanzipation der Frau, im Lichte des biblischen Verständnisses von Mann und Frau bewerten. Es ist dabei nicht meine Absicht – dies würde auch den Rahmen eines Ehebuchs sprengen –, die einzelnen emanzipatorischen Ansätze, z.B. den marxistischen, den neomarxistischen, den antiautoritären, den feministischen oder den befreiungstheologischen Ansatz gesondert zu diskutieren. Dies muß anderen, umfassenderen Auseinandersetzungen vorbehalten bleiben.[10] Vielmehr möchte ich versuchen, die moderne Emanzipationsbewegung insgesamt in den Blick zu bekommen und biblisch-theologisch zu beurteilen. Dabei bin ich mir einer großen Schwierigkeit bewußt. Wer sein Haus an einen Hang baut, der spürt nach einiger Zeit das Gefälle nicht mehr. Wer in einem Industriegebiet wohnt, gewöhnt sich meistens schnell an die schlechte Luft. Dieser Gewöhnungsfaktor erschwert auch die Beurteilung des emanzipatorischen Gedankenguts. Unsere Zeit ist damit vollständig durchdrungen, so daß uns der Abstand fehlt, der die Diskussion versachlichen könnte. Hinzu tritt die allgemeine Erfahrung, daß der Problemkreis »Mann – Frau« schnell Emotionen freisetzt, die ebenfalls eine Klärung erschweren können.

Die emanzipatorischen Bewegungen der Neuzeit lassen sich geistesgeschichtlich auf den Humanismus zurückführen, der im 15. und 16. Jahrhundert begann, die europäische Zivilisation zu prägen. Wie kam es zum Humanismus, und was verstehen wir unter Humanismus? Der Mensch des ausgehenden Mittelalters war in eine große geistige Krise geraten. Die mittelalterliche Weltanschauung, die auf Grund einer Synthese von biblischer Offenbarung und antiker Philosophie ein einheitliches Weltbild hervorgebracht hatte, war zerbrochen. Unsichtbare und sichtbare Welt waren nicht mehr verbunden. Die Theologie erwies sich als unfähig, die aufkommenden naturwissenschaftlichen, gesellschaftlichen und anthropologischen Fragen befriedigend zu beantworten. Die geistige Elite wandte sich entschlossen der sichtbaren Welt und den Alltagsfragen des Menschen zu und überließ die unsichtbare Welt und die grundsätzlichen Fragen des Menschseins den Theologen. Der Mensch, wie er hier und heute lebte, mit seinem individuellen Charakter, mit seinen individuellen Überzeugungen, seinen Rechten und Pflichten rückte in den Mittelpunkt des Interesses. Das war die Geburtsstunde des Humanismus.

Gleichzeitig schwelte die Krise der Theologie weiter, bis sie schließlich in der Reformation lodernd aufbrach. Die Reformation mit ihrer konsequenten Rückbesinnung auf die biblische Offenbarung und das biblische Menschenbild geriet bald in eine geistige Konkurrenz zum Humanismus. Berühmt und folgenreich wurde die Diskussion zwischen Luther und Erasmus über die Willensfreiheit des Menschen. Dabei ging es nicht nur um den Willen, sondern letztlich um das Wesen des Menschen. Erasmus als Vertreter des Humanismus definierte den Menschen als gut veranlagt und erziehbar zum Guten. Nach Luther ist der Mensch in seinem Wesen unfrei und vollständig auf die Gnade Gottes angewiesen. Aus dieser Auseinandersetzung zwischen Humanismus und Reformation ging Erasmus als Sieger hervor. Das humanistische Bild vom Menschen, das die Menschenwürde in der Freiheit und Unabhängigkeit begründet sah, setzte sich allmählich durch. Die europäische Philosophie widmete sich der Arbeit an diesem Menschenbild. Descartes (gest. 1650) definierte den Menschen als ein rationales, vernünftiges Wesen. Kant (gest. 1804) sah seine Lebensaufgabe darin, die Möglichkeiten und Grenzen der menschlichen Vernunft zu bestimmen.

Parallel zu diesem siegreichen Vormarsch des humanistisch-philosophischen Menschenbildes verläuft der Rückzug der reformatorischen, allein der biblischen Offenbarung verpflichteten Theologie und Verkündigung. Es kommt zu einer Verkümmerung des biblischen Gottes-, Menschen- und Zukunftsbildes. An der Geistesgeschichte des 18. und 19. Jahrhunderts läßt sich beobachten, wie das Vakuum, das durch den Rückzug christlicher Glaubensüberzeugung entstanden war, allmählich von Ideen und Ideologien gefüllt wurde, die sich nicht mehr auf die biblische Offenbarung bezogen. Das biblische trinitarische Gottesbild erhielt Konkurrenz durch die philosophische Anschauung des Pantheismus, nach welcher Schöpfer und Geschöpf eins sind. Das biblische Menschenbild, nach dem der Mensch seine Identität nur im Glauben finden kann, erhielt Konkurrenz in Gestalt psychologischer und soziologischer Auffassungen vom Menschen. Die biblische Zukunftshoffnung, die nach den endzeitlichen Gerichten Gottes die Wiederkunft Christi und die Neuschöpfung von Himmel und Erde sieht, erhielt Konkurrenz durch den Evolutionismus, nach dem sich die Entwicklung des Lebens in einer unaufhörlichen Aufwärtsbewegung befindet.

Damit haben wir den geistigen Mutterboden der modernen Emanzipationsbewegungen kurz skizziert. Sie wurzeln alle im Humanismus und sind nichts anderes als die Konsequenz einer Weltanschauung, die das Individuum Mensch zum Maßstab aller Dinge erklärt. Der Philosoph Fichte (gest. 1814) hat das Selbstverständnis der Emanzipation treffend formuliert: »Die gesamte Menschheit bekommt sich selbst in ihre eigene Hand ... sie macht von nun an mit absoluter Freiheit alles aus sich selbst, was sie aus sich machen nur wollen kann.« Man könnte es vielleicht auch so sagen: Emanzipation, d.h. Infragestellung aller Abhängigkeiten, ist das unweigerliche Schicksal des Menschen, der sich von der Bindung an die Offenbarung Gottes gelöst hat. Er gerät in ein Gefälle, das ihn zunächst kritisch macht gegen alle kirchliche und gesellschaftliche Bevormundung und das ihn schließlich an sich selbst ausliefert. Der emanzipierte Mensch, der die Offenbarung Gottes, kirchliche, gesellschaftliche und familiäre Autoritäten und Schutzräume verlassen hat, steht letztlich vor sich selbst, vor seiner Vernunft, vor seiner Triebhaftigkeit, vor seinen Möglichkeiten und Begrenzungen, vor seiner eigenen Identitätskrise.

Wir kommen nun zur biblisch-theologischen Bewertung dieses Prozesses. Wie ich in den ersten Kapiteln dieses Buches mehrmals betont habe, ist der Mensch als Ebenbild des trinitarischen Gottes ein auf Gemeinschaft und Kommunikation angelegtes Wesen. Wir sind von Gott so geplant, daß wir letzte Sinnerfüllung nur in der Gemeinschaft mit einem Du, das von der Liebe geprägt ist, finden können. Ehe und Gemeinde sind dafür Übungsfelder. Im tiefsten sind wir alle auf das Du Gottes, unseres himmlischen Vaters, angelegt. Deswegen widersprechen alle humanistischen und emanzipatorischen Menschenbilder, die dem Menschen Sinnerfüllung aus sich selbst versprechen, zutiefst seinem Wesen als Geschöpf Gottes. Sie kommen aus der Irre und führen in die Irre. Niemals kann und wird der Mensch volle Sinnerfüllung finden in der Beschäftigung mit sich selbst und in einem Leben für sich selbst. Biblisch gesprochen ist eine solche Haltung nichts anderes als ein Ausdruck seiner Sündhaftigkeit, oder, um noch einmal H. Bezzel zu zitieren: »Die Sünde ist die Reduzierung des Menschen auf sich selbst.«

Die Emanzipationsbewegung der Frau kann nur richtig auf dem Hintergrund der eben angesprochenen geistesgeschichtlichen Entwicklung der Neuzeit verstanden werden. Sie ist ein Teilbereich der vom Humanismus ausgehenden gesamten emanzipatorischen Bewegung und hängt mit ihr aktiv und passiv eng zusammen. Sie ist der Versuch der Frau, ihre Geschichte, ihr Wesen, ihre familiären, gemeindlichen und gesellschaftlichen Aufgabenbereiche und besonders ihr Verhältnis zum Mann grundsätzlich in Frage zu stellen und aus sich selbst eine neue Identität zu finden.

Wiederum kann es in diesem Abschnitt nicht darum gehen, die Entwicklungslinien der modernen Frauenbewegung bis hinein in die zahlreichen Verästelungen und feministischen Theologien nachzuzeichnen. Dies ist in zahlreichen Veröffentlichungen schon geschehen.[11] Wir wollen statt dessen noch eine Diagnose der Frauenemanzipation im Lichte des biblischen Menschenbildes versuchen. Wo liegen die eigentlichen Ursachen dafür, wenn Frauen in ihrer Zuordnung zum Mann keine Lebenserfüllung mehr finden, wenn sie die Doppelbelastung von Haushalt und

Berufstätigkeit auf sich nehmen, wenn sie zum Angriff auf eine vermeintlich patriarchalistische Gesellschaft ansetzen?

Ehe ich die Antwort versuche, möchte ich noch einige Blicke auf die Zwischenbilanz der Frauenemanzipation werfen. Hat sie den Frauen wirklich mehr Lebenserfüllung, mehr Freude, mehr Kraft, mehr Zuversicht, mehr Befriedigung geschenkt?

Nach meiner Einschätzung der Situation mußte die Frau für jedes emanzipatorische Ziel, das sie erreicht hat, schwerwiegende Nachteile in Kauf nehmen. Einige Beispiele dazu.

Beginnen wir mit der Erwerbstätigkeit außer Haus. Die verheiratete Frau wird diese Errungenschaft in der Regel mit einer Vernachlässigung ihrer hausfraulichen Aufgaben erkaufen müssen. Wenn Kinder im Erziehungsalter da sind, kann sie ihnen nicht dasjenige Maß an Geborgenheit vermitteln, wie sie es als Hausfrau könnte. Dazu folgende Überlegung, auf die mich ein Freund brachte. Er hatte auf der Straße eine Schar von 3-5jährigen Kindern beobachtet, die im Kinderhort untergebracht waren. Bei der Straßenüberquerung fiel der letzte über die Bordsteinkante und weinte bitterlich. Doch die Schar zog zunächst weiter, weil niemand auf ihn achtete. Erst als sein Schreien noch lauter wurde, kam ihm eine Begleiterin zu Hilfe. Aber die Hilfe bestand darin, daß sie ihn hochzog, ihm einen Klaps verabreichte und zum schnellen Laufen ermahnte. Eine Szene, wie sie wohl täglich passiert. Aber ich frage mich, ob wir uns wirklich die Konsequenz einer Kindheit schon klargemacht haben, die weitgehend außerhalb der Familie stattfindet. Wie sollen unsere Kinder einmal liebesfähige Menschen werden, wenn wir die Zeit, in der wir ihnen unsere Zuwendung schenken, auf ein Minimum reduzieren?

Oder nehmen wir das Beispiel der politischen und gesellschaftlichen Rechte, die sich die Frau in diesem Jahrhundert erstritten hat. Unsere Parteien überbieten sich förmlich in ihren Angeboten an die Frau, politische Ämter zu übernehmen. Doch auch hier verhält es sich so wie bei der Berufstätigkeit: Was zunächst als Erfolg der Frau aussieht, erweist sich bei Licht besehen als Nachteil bzw. als zusätzliche Belastung. Der Nachteil der politischen Einflußnahme der Frau liegt auf einem anderen Gebiet. Je mehr sie in der Öffentlichkeit spezifische »Frauenpolitik« betreibt, desto mehr muß sie mit einer emotionalen Gegnerschaft des Mannes rechnen. Die Frau trägt also – gewiß ungewollt – durch ihre immer stärker werdende gesellschaftliche und politische Aktivität zu einer weiteren Entfremdung der Geschlechter bei.

Wenn neuerdings in den evangelischen Kirchen der Frau auch Leitungsämter übertragen werden, so wird auch diese Maßnahme letztlich nicht zu einer Erneuerung des gemeindlichen Lebens führen, sondern die in unserer Gesellschaft schwelende Identitätskrise von Mann und Frau nun auch in die Gemeinde hineintragen.

Und schließlich noch ein drittes Beispiel, die sexuelle Emanzipation der Frau. Die Parole »Mein Bauch gehört mir« hat der Frau zwar die Mitentscheidung über Leben und Tod des ungeborenen Kindes gebracht, sie hat aber gleichzeitig Mütterlichkeit und Mutterschaft zu einem verfügbaren Wert degenerieren lassen. Damit ist eine unverwechselbare Eigenart der Frau aufs äußerste gefährdet. Die sog. »Antibabypille«, anfangs als großer medizinischer Fortschritt und als Meilenstein auf dem Weg der sexuellen Befreiung der Frau gefeiert, hat ihre Schattenseiten schon längst offenbart. Es sind nicht nur die Veränderungen im Hormonhaushalt der Frau, die ihr ein spezifisches Merkmal ihres Frauseins nehmen, sondern es ist vor allem die mit der »Pille« verbundene hintergründige Abwertung der Frau zum Sexualobjekt des Mannes, die sich, langfristig gesehen, als schwerwiegender Nachteil für die Frau herausstellen wird.

Soweit einige Blicke auf die Zwischenbilanz der Frauenemanzipation. Sie zeigen zur Genüge, daß viel Skepsis gegenüber der Behauptung angebracht ist, daß die Emanzipation der Frau ihr zu einer größeren Sinnerfüllung helfen kann. Damit soll nicht bestritten werden, daß die Frauenbewegung in unserem Jahrhundert bei der Überwindung sozialer Benachteiligungen der Frau, z.B. im Bildungsbereich oder in der Lohnpolitik, bewußtseinsbildend gewirkt hat.

Wenn wir nun nach den Ursachen der Emanzipationsbewegung der Frau fragen, so müssen wir sie zweifellos in einer ungenügenden und unglücklichen Beziehung von Mann und Frau suchen. Die Frau, die sich von ihrem Mann geliebt, angenommen und ernstgenommen weiß, die Erfüllung ihrer Existenz in der Zuwendung zu ihrem Mann und zu ihrer Familie erfährt, die glücklich darüber ist, daß sie Mann und Kindern eine entscheidende Hilfe zur Lebensbewältigung sein kann, eine solche Frau wird nicht in der Loslösung vom Mann ihr Glück suchen. Die Emanzipation der Frau ist eine Mangelerscheinung, sie ist ein Notschrei. Sie weist hin auf die mangelhafte Liebe des Mannes zu seiner Frau, auf seinen Egoismus, auf seine eingeschränkte oder verleugnete Verantwortung für sie. Der Mann ist ein Meister im Delegieren geworden. Was er nach Gottes Plan sein und ausführen soll, nämlich Sorge zu tragen für das materielle, seelische und geistliche Wohl seiner Frau und seiner Kinder, nimmt er nicht oder nur eingeschränkt wahr. So bleibt der Frau fast nichts anderes übrig, als diese Aufgaben selbst zu übernehmen. Ein Mann, der seinen Verpflichtungen nicht nachkommt, der sie seiner Frau auflädt, der sie in ihrer schöpfungsmäßigen Bestimmung nicht ernst nimmt, ihm eine Hilfe zu sein, der sie nicht um Rat fragt, der ihr keine Liebe, Dankbarkeit und Geborgenheit schenkt, ein solcher Mann braucht sich nicht zu wundern, wenn die Frau sich vor ihm verschließt und wenn sie ihn schließlich verläßt, zuerst in ihrem Herzen, dann durch die Flucht in den Beruf und schließlich durch den Scheidungsantrag. Die Emanzipationsbewegung der Frau ist nicht erklärbar ohne solche jahrelangen, ja jahrhundertelangen Mangelerfahrungen der Frau.

Damit sind wir beim tiefsten Notstand. Woher soll der Mann die von ihm geforderte Liebe nehmen? Er kann sie nur im Glaubensbezug zu Christus finden. Das große Versagen des Mannes im christlichen Abendland ist zurückzuführen auf seinen Glaubensverlust. Der Philosoph Fichte hat mit seinem schon zitierten

Wort: »Das Kind betet, der Mann will« die Glaubensnot des Mannes in unserer Zeit treffend zum Ausdruck gebracht. Im Selbstverständnis des modernen Mannes ist der Glaube eine Angelegenheit für Kinder, Frauen, Alte und Schwache. Ein unheimliches Mißverständnis! Wie will der Mann die Liebe gewinnen, die er für seine Frau und seine Kinder braucht? Er kann sie nur in einem neuen Aufblick zu Jesus Christus finden. Die Emanzipation der Frau ist, so gesehen, ein unausgesprochener Anruf an den Mann, im Glauben neue Kraft und neue Liebe zu suchen. Wenn es nicht zu einer neuen Erweckung unter uns Männern kommt, wird die Emanzipationsbewegung der Frau weiter voranschreiten. Die Geschlechter werden sich weiter entfremden und bekämpfen. In unserer Gesellschaft wird es dann zunehmend kälter werden.

8. »Was Gott zusammengefügt hat, das soll der Mensch nicht scheiden«

In keinem menschlichen Lebensbereich ist die Freundlichkeit Gottes so elementar erfahrbar wie in einer Ehe, in der sich Mann und Frau von Gott getragen und gesegnet wissen. In keinem anderen Bereich wirkt sich aber auch menschliches Versagen und menschliche Sünde so katastrophal aus wie in einer Ehe, die vor dem Richter geschieden wird. Die Ehe birgt beide Möglichkeiten in sich, den schönsten Segen und das tiefste Elend, den Himmel und die Hölle auf Erden. Wenn wir uns in diesem Kapitel mit der Scheidungsnot beschäftigen, dann sind wir gut beraten, wenn wir dabei durchgehend dieses Spannungsfeld im Hintergrund sehen, das die Ehe kennzeichnet. Große Schätze werden mit einem großen Aufwand behütet und bewacht. Nur wer den Segen der Ehe ermessen kann, ist in der Lage, auch die Schutzvorschriften zu verstehen, die Gott für die Ehe gegeben hat. Wir wollen uns im Verlauf dieses Kapitels zunächst noch einmal das Wesen der Ehe in biblischer Sicht verdeutlichen, dann die Anweisungen Jesu und des Apostels Paulus zur Scheidung betrachten, ferner auf die Frage möglicher Ausnahmen vom Scheidungsverbot eingehen, sodann einige besonders notvolle Fragen behandeln und schließlich die gesamtgesellschaftliche Situation in den Blick nehmen.

8.1

Wer sich mit dem biblischen Wort zur Ehescheidung befaßt, ist zunächst schockiert über die Härte dieser Aussagen. Als Jesus in einem Streitgespräch mit den Pharisäern die Ehescheidung kategorisch ablehnte, resignierten seine Jünger. »Steht die Sache eines Mannes mit einer Frau so, dann ist's nicht gut, ehelich zu werden« (Matth. 19,10). Allzu gut können wir diese Reaktion verstehen. Es drängen sich viele Fragen auf. Wie kann sich Jesus, der die reine Barmherzigkeit über alle leibliche, seelische und geistliche Not in Person war, zu solch einer rigorosen Stellungnahme hinreißen lassen? Vermag er sich nicht in die gähnende Leere, in die furchtbare Belastung hineinzuversetzen, die eine notvolle Ehe mit sich bringen kann? Woran liegt es, daß er an dieser Stelle so hartherzig und so unrealistisch ist?

Die Antwort auf diese Fragen liegt einzig und allein im Geheimnis der Ehe begründet. Die Ehe ist eine Stiftung Gottes. Jemand hat einmal gesagt, daß die Ehe und der Sonntag Grüße aus dem Paradies sind. Man kann es auch anders ausdrücken: Die Ehe ist eine Wohltat Gottes, die den Sündenfall überdauert hat. Sie ist mehr als ein zwischenmenschlicher Vertrag, sie ist überhaupt keine bloß menschliche Errungenschaft. Von uns Menschen aus gesehen erscheint es uns so, als ob wir es sind, welche die Ehe gründen. In Wirklichkeit treten wir mit der Hochzeit in eine Stiftung Gottes ein.

Das Geheimnis der Ehe liegt in ihrem gleichnishaften Charakter. So wie sich Christus in der geistlichen Wirklichkeit Gottes um seine Gemeinde kümmert, so darf und soll sich der Mann in dieser irdischen Welt um seine Frau sorgen. Die Ehe ist zwar keine Vorwegnahme der ewigen Herrlichkeit Gottes, die uns verheißen ist, aber sie ist ein Feld der Einübung und Vorbereitung auf unsere Letztbestimmung, in ewiger Gemeinschaft mit Christus leben zu dürfen. Im Du der ehelichen Gemeinschaft strahlt, für den Glauben erkennbar, das Du unseres Herrn und Heilandes durch. Die eheliche Gemeinschaft von Mann und Frau soll und darf nach Gottes Plan ein Vorgeschmack der ewigen Gemeinschaft zwischen Christus und seiner Gemeinde sein. So deutet Paulus die Ehe in Epheser 5,22-33. Damit hat er der Ehe eine Deutung geschenkt, die weit über alles hinausgeht, was seitdem Menschen über die Zweisamkeit von Mann und Frau gedacht und gesagt haben.

Gleichnis für unsere ewige Gemeinschaft mit Christus kann natürlich nur die Ehe auf Lebenszeit sein. Die zerbrochene Ehe vermag kein Hinweis auf die dauerhafte Beziehung zwischen Christus und seiner Gemeinde zu sein, im Gegenteil, jede geschiedene Ehe stört und zerstört den Gleichnischarakter, den die Ehe nach göttlicher Weisheit haben soll. In der lebenslangen Ehe erschließt sich dem Glaubensblick die Beständigkeit und die Treue Gottes. Die geschiedene Ehe produziert ein Zerrbild Gottes. Wenn wir diese Dimension, also den Gleichnischarakter der Ehe ernst nehmen, dann beginnen wir, die harte und kompromißlose Haltung Jesu in der Scheidungsfrage zu verstehen. Wer die lebenslange Dauer der Ehe antastet, unterminiert ihren Zeugnis- und Verkündigungscharakter. Die lebenslange Ehe bezeugt die dauerhafte Treue Gottes. Im Glauben erkennt und erfährt der verheiratete Christ seine Ehe als täglichen Beweis der treuen und dauerhaften Fürsorge Gottes.

Die lebenslange und unauflösbare Dauer der Ehe ist schon in den Verheißungen ausgedrückt, die Gott bei der Erschaffung von Mann und Frau gegeben hat. In der Absichtserklärung Gottes »Ich will ihm eine Hilfe schaffen« ist die lebenslange Konzeption der Ehe inbegriffen. »Hilfe« im vollen Sinn des Wortes kann die Ehefrau nämlich nur dann sein, wenn sie zu einem dauerhaften Leben an der Seite ihres Mannes bereit ist (vgl. das 3. Kapitel dieses Buches). Auch in der Verheißung 1. Mose 2,24 ist die Ehe als lebenslange Gemeinschaft gemeint. Das »Verlassen« des Elternhauses durch den Mann, sein »Sich-ankleben« an seine Frau und das »Ein-Fleisch-Sein« mit ihr vollzieht sich in einer lebenslangen Ehegemeinschaft.

Das biblische Bild der Ehe ist höher und greift weiter als unsere menschlichen Gedanken über die Ehe. Wir meinen, die Ehe ist eine menschliche Errungenschaft, aber in Wirklichkeit ist sie eine göttliche Konzeption. Wir meinen, die Ehe sei genauso schnell kündbar wie sie geschlossen wird, aber in Wirklichkeit ist sie unzerstörbar. Wir meinen, daß wir die Ehe führen, aber in Wirklichkeit trägt, hält und führt die Ehe uns.

8.2

Nun wenden wir uns den Weisungen Jesu und des Apostels Paulus zu. In Matthäus 19,1-12 und Markus 10,1-11 ist uns ein Streitgespräch überliefert, das Jesus mit den Pharisäern führte. Es war kein sachliches Streitgespräch, in dem es um einen brüderlichen Austausch über eine umstrittene Frage gegangen wäre, sondern es war der von Haß geprägte Versuch der pharisäischen Frömmigkeitsbewegung, Jesus in seinen eigenen Worten zu fangen und ihn in einen Gegensatz zu den Geboten Gottes zu bringen. In der Frage der Scheidung meinte man, einen Angelpunkt gegen Jesus gefunden zu haben. Die Pharisäer kannten offensichtlich Jesu strikte Ablehnung der Ehescheidung und konfrontierten ihn nun bei passender Gelegenheit mit der Frage, aus welchen Gründen sich der Mann von seiner Frau scheiden lassen dürfe. Daß die Ehescheidung grundsätzlich von Mose erlaubt worden sei, stand dabei für sie fest, was ihre Berufung auf 5. Mose 24,1-4 beweist.

In seiner Antwort gibt Jesus unmißverständlich zu verstehen, daß die Scheidung ein Vergehen gegen die Eheordnung Gottes darstellt. Weil nicht der Mensch, sondern Gott selbst es ist, der die Ehe begründet und in der Ehe und durch die Ehe zwei Menschen unlösbar miteinander verbindet, soll der Mensch die Ehe nicht scheiden. Hinter dieser Antwort Jesu steht eindeutig das Bild der Ehe als unzerstörbare Stiftung Gottes. Kein Mensch ist befugt, diese Stiftung Gottes anzutasten, und wer es dennoch tut, handelt gegen Gottes Willen.

In derselben Eindeutigkeit spricht Paulus in 1. Korinther 7,10.11: »Den Ehelichen aber gebiete nicht ich, sondern der Herr, daß die Frau sich nicht scheide von dem Mann – hat sie sich aber geschieden, soll sie ohne Ehe bleiben oder sich mit dem Manne versöhnen – und daß der Mann die Frau nicht von sich schicke.« An dieser Aussage ist besonders zu beachten, daß der Apostel sich hier auf ein Wort Jesu bezieht. Diese kategorische Ermahnung kann nur eins bedeuten, daß es für einen Christen nicht erlaubt ist, an die Scheidung seiner Ehe zu denken oder sie zu vollziehen. Der Stiftungscharakter der Ehe begründet ihre Unauflöslichkeit. Das ist die alttestamentliche Überzeugung, auf die sich Jesus und Paulus stützen. Hinzuweisen wäre noch auf die Stelle Römer 7,2, wo Paulus auf das alttestamentliche Ehe- und Scheidungsgesetz hinweist: »Denn eine Frau ist an ihren Mann gebunden durch das Gesetz, solange der Mann lebt; wenn aber der Mann stirbt, so ist sie los vom Gesetz, das sie an den Mann bindet« (vgl. 1. Kor. 7,39). Die von Gott lebenslang gestiftete eheliche Gemeinschaft wird nur durch den Tod eines Partners beendet.

Jetzt verstehen wir auch die zunächst merkwürdig klingenden Aussagen Jesu über den Ehebruch als Konsequenz der Scheidung (Matth. 5,32; 19,9; Mark. 10,11; Luk. 16,18). Inwiefern veranlaßt denn ein Mann, der sich von seiner Frau scheidet, daß sie Ehebruch begeht? Und warum bricht er die Ehe, wenn er nach seiner Scheidung sich noch einmal verheiratet? Und warum bricht jemand die Ehe, wenn er einen geschiedenen Mann oder eine geschiedene Frau heiratet? Diese Fragen bekommen ihre eindeutige Antwort vom Stiftungscharakter der Ehe her. Weil jede rechtmäßig geschlossene Ehe – rechtmäßig bedeutet öffentlich und auf Lebenszeit geschlossen – vor Gott Anteil am Stiftungscharakter und damit an der Unauflöslichkeit hat, ist jedes rechtmäßig getraute Paar vor Gott auf Lebenszeit, d.h. bis zum Tode eines Partners miteinander verbunden. Wer also als Geschiedener oder als Geschiedene noch zur Lebenszeit des früheren Ehepartners eine neue Ehe eingeht, bricht vor Gott die erste Ehe. Der bzw. die wiederverheiratete Geschiedene hat nun vor Gott, solange der erste Partner lebt, zwei Partner. Diese Einschätzung der Wiederheirat nach der Scheidung zu Lebzeiten des früheren Ehepartners als Ehebruch finden wir übrigens schon im Alten Testament angedeutet. In 5. Mose 24,4 wird nämlich die geschiedene Frau, die zu Lebzeiten ihres früheren Mannes noch einmal heiratet, unrein vor Gott genannt. Dieser Ausdruck wird nur verständlich vor dem Hintergrund der Anschauung, daß die Ehe auch nach vollzogener Scheidung vor Gott weiterhin solange Bestand hat, bis ein Partner stirbt. Die heute weithin in den Landeskirchen übliche Praxis der Trauung Geschiedener zeigt, daß die biblische Sicht von der Unauflöslichkeit der Ehe entweder nicht mehr verstanden oder nicht mehr ernstgenommen wird.

8.3

In seelsorgerlichen Gesprächen zeigt es sich, daß die kompromißlosen Weisungen Jesu zur Scheidung und Wiederverheiratung manchmal als bedrückend empfunden werden. Dies wäre aber ein falsches Verständnis. Jesus ist nicht gekommen, um uns neue Lasten aufzuerlegen, sondern um uns das Leben und volle Genüge zu bringen (Joh. 10,10). Auch seine Aussagen zur Scheidung und Wiederheirat sind zutiefst Evangelium und nicht Gesetz. Er fordert nichts, was er nicht selbst gibt. Wo wir seine Forderungen als Bedrückung empfinden, sollten wir ins Gebet gehen und uns die Weisheit erbitten, Gottes Willen zu verstehen sowie die Kraft, ihn zu tun. Wer verstanden hat, daß Jesus Christus die Liebe Gottes in Person ist, wird auch hinter Jesu Geboten die Liebe suchen und finden. Jesus ruft uns in ein neues Leben hinein, aber es ist ein Leben des Glaubens, in dem unsere alten Ansichten, Motive und Ängste nicht zählen. Ohne den Aufblick des Glaubens erscheint uns Jesu strikte Verweigerung der Scheidung und Wiederheirat als ein unendlich schweres Gebot. Aber wenn wir den Schritt des Glaubens finden, werden wir erfahren, daß hinter der schroff erscheinenden Außenseite der Worte Jesu seine Liebe, seine Güte und seine Barmherzigkeit stehen. Er will ja nichts anderes als die Ehe als Hort irdischer und himmlischer Geborgenheit erhalten und vor der menschlichen Schwachheit und Sünde schützen.

Im Licht des Evangeliums wollen wir uns nun auch den biblischen Aussagen zuwenden, die oft als Ausnahmen von der sonstigen strikten biblischen Anschauung gewertet werden. Im wesentlichen sind es drei Stellen, die immer wieder als Einschränkung des biblischen Scheidungs- und Wiederheiratsverbotes ausgelegt werden:

8.3.1 Moses »Scheidebrief«

Wir wenden uns nun noch einmal dem Streitgespräch der Pharisäer mit Jesus zu, wie es in Matthäus 19,1-12 und Markus 10,1-12 überliefert ist. Wie schon erwähnt, handelt es sich bei diesem Gespräch nicht etwa um ein Lehrgespräch, durch das die Pharisäer in ihrer biblischen Erkenntnis gefördert werden wollten. Ihre grundsätzliche Meinung zur Ehescheidung stand ja fest. Unter Berufung auf 5. Mose 24,1-4 erlaubten sie die Scheidung der Ehe durch den Mann, wenn dieser »etwas Schändliches« an seiner Frau fand. Unterschiedlicher Auffassung waren sie lediglich darin, was dieses »Schändliche« denn sei. Die Antwort reichte – je nach Rabbinenschule – von sexuellem Vergehen der Frau bis zur angebrannten Suppe.

Wir haben hier kein Lehrgespräch vor uns, sondern eine Art Verhör, das für die Pharisäer nur das eine Ziel hatte, Anklagepunkte gegen Jesus zu finden. Deswegen bemerken die beiden Evangelisten, daß die Pharisäer Jesus »versuchten«. Hier ging es um Leben und Tod. Würde Jesus ihnen in seiner Antwort eine Handhabe dafür liefern, ihn entweder beim Hohen Rat oder bei Herodes Antipas zu verklagen? Das war die entscheidende Frage.

Nach dem Bericht der Evangelisten war das ganze Streitgespräch von Anfang bis Ende von der Gegensätzlichkeit der beiden Auffassungen geprägt. Während die Pharisäer Jesus in ihren Streit um eventuelle Scheidungsgründe verwickeln wollen, bestreitet er grundsätzlich das Recht zur Scheidung. Während sie sich auf das angebliche Zugeständnis Moses zur Scheidung in 5. Mose 24,1-4 beziehen, spricht er unter Berufung auf 1. Mose 2,24 von der von Gott gewollten Unauflöslichkeit der Ehe. Schließlich kehrt Jesus zur Ausgangsfrage der Pharisäer zurück, nämlich aufgrund welcher Ursache man sich scheiden lassen dürfe, und beantwortet sie damit, daß die Ehe nur aus einem einzigen Grund geschieden werden darf, wenn »Unzucht«, also eine blutschänderische Verwandtschaftsbeziehung vorliegt.

Uns interessiert jetzt besonders die Antwort des Herrn auf die Scheidebrief-Gesetzgebung des Mose. Um sie richtig verstehen zu können, müssen wir uns kurz in die damalige geschichtliche Situation des Volkes Gottes zurückversetzen. Israel hatte in eigenmächtiger Weise, so wie es in den anderen Völkern seiner Umgebung auch üblich war, die Ehescheidung eingeführt. Der Mann konnte seine Frau willkürlich entlassen und sie nach ihrer zweiten Ehe, nachdem ihr zweiter Mann verstorben war, wieder aufnehmen. Mose ordnete in seiner Gesetzgebung an, daß eine zum zweiten Mal verheiratete Frau nach dem Tod des zweiten Mannes nicht wieder zu ihrem ersten Mann zurückkehren durfte (5. Mose 24,4). Zur Begründung führte Mose aus, daß die Frau durch ihre zweite Ehe »unrein« geworden sei. Mit dieser Maßnahme (Verbot der Rückkehr zum ersten Mann) und dieser Kennzeichnung (»unrein«) der zu Lebzeiten ihres ersten Mannes wiederverheirateten Frau war dem Mann eine Warnung vor der Scheidung gegeben und gleichzeitig eine Gewissenslast für den Fall der Scheidung auferlegt. Die Warnung bestand darin, daß er die entlassene Frau, nachdem sie ein zweites Mal geheiratet hatte, niemals wieder zu sich aufnehmen konnte. Die Gewissenslast bestand darin, daß er sich an seiner geschiedenen Frau schuldig machte, wenn sie wieder heiratete, weil sie dann vor Gott unrein wurde.

Zusammenfassend läßt sich sagen, daß die mosaische Scheidebrief-Gesetzgebung in 5. Mose 24,1-4 zwar kein generelles Scheidungsverbot ausspricht, aber der Scheidung vorbeugen und sie erschweren sollte.

Wie beurteilt nun Jesus diese Anordnung Moses? Zu den Pharisäern gewandt, führt er aus, daß sie gegeben worden sei »im Blick auf eure Herzenshärtigkeit«. Das bedeutet, weil Israel ein geistlich verstocktes und für Gottes Willen blindes Volk war, konnte Mose seiner Gesetzgebung die Ehekonzeption Gottes als unauflöslicher Stiftung nicht zugrunde legen. Israel war nicht empfänglich dafür.

Damit ist klar, daß der Scheidebrief im alten Israel heute keine Legitimation für eine Scheidung sein kann. Der neue Bund, den Christus gegründet hat, ist dadurch gekennzeichnet, daß das steinerne Herz weggenommen und ein fleischernes Herz geschenkt wird (Hes 11,19). Im neuen Äon kann Herzenshärtigkeit keine Begründung für eine Scheidung sein, denn dazu ist ja Christus gekommen, um uns davon zu erlösen. Es hieße ihn und seine schöpferische und umgestaltende Kraft verleugnen, wenn man sich jetzt noch auf die eigene Herzenshärtigkeit berufen wollte.

8.3.2 Die sogenannte Unzuchtsklausel

Die Evangelisten Matthäus und Markus berichten übereinstimmend davon, daß Jesus auf seiner letzten Reise von Galiläa nach Jerusalem von den Pharisäern in ein Streitgespräch über die Frage der Ehescheidung verwickelt wurde (Mt 19,1-12; Mk 10,1-12). Wie eben schon betont wurde, »versuchten« ihn die Pharisäer (Mt 19,3; Mk 10,2). Damit ist gemeint, daß sie versuchten, ihn zu einer Aussage zu provozieren, die entweder dem Hohen Rat in Jerusalem oder der staatlichen Führung eine Handhabe gegeben hätte, gegen Jesus direkt einzuschreiten. Die Pharisäer wählten den Zeitpunkt für dieses Streitgespräch geschickt. Die Evangelisten berichten, daß das Gespräch in Peräa stattfand. Dieses Gebiet war jüdisches Land jenseits des Jordans und stand unter der Verwaltung des Herodes Antipas. Er wird in Lukas 3,19

»Vierfürst« genannt. Er hatte von seinem Vater, Herodes dem Großen, Galiläa und Peräa geerbt. Herodes Antipas war zunächst mit der Tochter des nabatäischen Königs Aretas IV. verheiratet, ließ sich dann aber von ihr scheiden, um Herodias, die Frau seines Halbbruders Herodes Philippus zu heiraten. Diese Herodias kam aus der Blutsverwandtschaft der Herodes-Sippe: Sie war nämlich die Nichte ihres ersten und ihres zweiten Mannes. Damit hatten beide Halbbrüder nach dem jüdischen Gesetz Blutschande begangen, Herodes Antipas sogar in einem doppelten Sinn, weil er nicht nur seine Nichte, sondern auch die frühere Frau seines Halbbruders heiratete. Im jüdischen Gesetz sind derartige Ehen strikt verboten (3. Mose 18). Sie werden dort als Schandtat bezeichnet, durch die Israel sich vor Gott unrein macht. Warnend weist Mose in diesem Zusammenhang im Auftrag Gottes auf das Schicksal der kanaanäischen Völker hin, die derartige Verwandtschaftsehen tolerierten. »Ihr sollt euch mit nichts dergleichen unrein machen; denn mit alledem haben sich die Völker unrein gemacht, die ich vor euch her vertreiben will. Das Land wurde dadurch unrein, und ich suchte seine Schuld an ihm heim, daß das Land seine Bewohner ausspie« (3. Mose 18,24ff).

Hier finden wir den Grund für den Protest Johannes des Täufers, der den Mut hatte, zu Herodes Antipas zu sagen: »Es ist nicht recht, daß du sie hast« (Mt. 14,4ff). Der Fürst verstieß gegen das Bundesgesetz Israels, und daß ihm das so unerschrocken jemand zu sagen wagte, schürte seine Absicht, Johannes zu töten (Mt. 14,5). Und so bedurfte es nur noch eines äußeren Anlasses, daß aus diesen Haßgedanken der Mord wurde: die Köpfung des Täufers (Mt. 14,6-12).

Jedermann in Galiläa und Peräa wußte von diesem Mord. Und so war es eine Situation von allerhöchster Brisanz, als die Pharisäer auf dem Territorium des Herodes Antipas Jesus in ein Streitgespräch über Ehe und Ehescheidung verwickelten. Ihre Hoffnung war zweifellos die, Jesus würde sich provozieren lassen, ein öffentliches Protestwort gegen die Ehe des Fürsten zu äußern.

Dann hätten sie leichtes Spiel gehabt, die Häscher des Königs gegen Jesus in Bewegung zu setzen.

Man muß diese geschichtliche Situation im Auge behalten, wenn man den Bericht der beiden Evangelisten über dieses Streitgespräch richtig verstehen will. Da uns in diesem Abschnitt nur die sog. Unzuchtsklausel in Matthäus 19,9 (vgl. Mt 5,32) interessiert, können wir die Besprechung anderer Aspekte des Streitgesprächs außer Acht lassen.

In Vers 9 faßt Jesus seine Weisung über die Scheidung folgendermaßen zusammen: »Ich aber sage euch: Wer sich von seiner Frau scheidet, außer bei Unzucht, und heiratet eine andere, der bricht die Ehe.«

Hier erheben sich nun einige Fragen. Was meint Jesus hier mit »Unzucht«? Warum erwähnt nur Matthäus diese Ausnahme? Welche Bedeutung hat diese Unzuchtsklausel für Christen heute?

Bis heute hat sich im Bereich der evangelischen Kirchen kein einheitliches Verständnis dieser beiden Stellen im Matthäusevangelium durchgesetzt. Auch im Bereich evangelikal orientierter Kreise gibt es recht unterschiedliche Auffassungen. Das Beste ist, wir besprechen kurz die verschiedenen Auslegungen.

Unter Hinweis auf 5. Mose 24,1ff sind manche der Ansicht, mit Unzucht sei hier voreheliches sexuelles Fehlverhalten der Ehegattin gemeint. Nach dieser Auffassung würde Jesus die Ehescheidung erlauben, wenn nach der Hochzeit eine bislang verschwiegene Unzuchtssünde eines Ehegatten aufgedeckt wird. Von den Rabbinenschulen zur Zeit Jesu, die das öffentliche jüdische Leben wesentlich mitbestimmten, wurde die Scheidung bei erwiesener vorehelicher Untreue erlaubt. Für Christen, die durch den Glauben an Jesus Christus im neuen Äon leben dürfen, kann diese Praxis allerdings keine Richtschnur mehr sein. Sie stehen in der Erfahrung der Sündenvergebung, die sie von Christus empfangen haben, und sie wissen sich aufgerufen, diese Vergebung uneingeschränkt weiterzugeben. Verschwiegene voreheliche Unzuchtssünden sind zwar ein schwerwiegender Vertrauensbruch, aber auch sie stehen unter dem Gebot der Sündenvergebung (Mt. 18,21ff).

Die andere Auslegungstradition, die sich seit Erasmus und der Reformation im Bereich des Protestantismus weitgehend durchgesetzt hat, versteht unter Unzucht an diesen beiden Stellen außerehelichen Intimverkehr des Ehegatten, also Ehebruch. Auch diese Auffassung vermag nicht zu überzeugen. Abgesehen davon, daß selbst eine solche schwerwiegende Eheverfehlung, wie sie ein Ehebruch darstellt, dennoch unter dem grundsätzlichen Vergebungsgebot steht, muß man vor allen Dingen darauf verweisen, daß Matthäus zur Kennzeichnung von »Ehebruch« einen eigenen Begriff verwendet (Mt. 15,19). In diesem Zusammenhang ist schließlich auch auf eine prophetische Zeichenhandlung zu verweisen, zu welcher Gott den Propheten Hosea nötigt. Er soll seine ehebrecherische Frau, die ihn verlassen und sich einem anderen Mann angeschlossen hat, erneut aufnehmen (Hosea 3). Auch Jeremia 3 bezeugt an Gottes eigener Handlungsweise gegenüber Israel, daß er bereit ist, den geistlichen Ehebruch seines Volkes zu vergeben. So scheidet auch »Ehebruch« als Auslegung für die Unzuchtsklausel aus.

Eine dritte Möglichkeit eröffnet sich, wenn wir die ebengenannten geschichtlichen Umstände ins Auge fassen. Jesus wollte offensichtlich mit der Ausnahmeformulierung »außer bei Unzucht« eine Stellungnahme zur Unzuchtsehe des Herodes Antipas abgeben. Mit einem strikten Scheidungsverbot hätte er praktisch diese Ehe legitimiert. Aber mit der Ausnahmeformulierung drückt er seine Ablehnung dieser Unzuchtsehe und einer blutschänderischen Ehe überhaupt aus. Ein Paar, das in einer solchen nach dem jüdischen Gesetz blutschänderischen Verbindung lebte, stand also nach Jesu Wort nicht unter dem Scheidungsverbot. Wenn es seine Unzuchtsehe auflöste und die beiden dann ein normales eheliches Verhältnis mit einem anderen Gatten begründeten, dann begingen sie keinen Ehebruch.

Diese Auslegung wird gestützt durch den Gebrauch des Begriffs »Unzucht« in Apostelgeschichte 15. Dort steht der Bericht über das Apostelkonzil in Jerusalem, wo sich die versammelten Apostel und Ältesten über die Grundsätze der Mission unter den Heiden verständigten. Um die Missionsarbeit nicht zu gefährden und das Miteinander von Judenchristen und Heidenchristen in einer Gemeinde zu gewährleisten, einigte sich die Versammlung darauf, daß alle Christen, gleichgültig welcher Herkunft sie waren, auf die Einhaltung des Grundsatzes verpflichtet werden sollten, sich der Götzenopfer, des Blutgenusses, des »Erstickten« und der Unzucht zu enthalten. Ganz offensichtlich wird hier an das alttestamentliche Gesetz angeknüpft, das genau diese vierfache Enthaltung vorschrieb (3Mo 17,8-14; 18,6-18). Mit »Unzucht« waren hier also offensichtlich die blutschänderischen Ehen gemeint.

Nun wird es auch klar, warum nur Matthäus diese Unzuchtsklauseln aufgenommen hat, während Markus und Lukas sie weglassen. Matthäus schreibt an Leser, die das jüdische Gesetz kannten, während die beiden anderen Evangelisten ihre Leserschaft in der römischen und griechischen Welt hatten. Ein Leser, der in der Tradition des jüdischen Gesetzes stand, mußte eine Antwort auf die Frage bekommen, was Jesus zu den damals im Judentum heftig diskutierten Unzuchtsehen in den Herrscherhäusern sagte. Für Leser aus dem römischen und griechischen Kulturkreis war diese spezielle Frage ohne Belang. Hier waren blutschänderische Ehen grundsätzlich verpönt (vgl. 1Kor 5,1).

Damit wird deutlich, daß die Unzuchtsklausel im Matthäusevangelium heute nicht als Ausnahmegenehmigung für eine Ehescheidung gelten kann. Blutschänderische Ehen sind heute schon kraft des bürgerlichen Gesetzes nicht erlaubt.

8.3.3 Das sogenannte Privilegium Paulinum

Wir wenden uns nun einer nicht minder stark umstrittenen Stelle in den Paulusbriefen zu. Die Aussage des Apostels lautet: »Wenn aber der Ungläubige sich scheiden will, so laß ihn sich scheiden. Es ist der Bruder oder die Schwester nicht sklavisch verpflichtet in diesen Fällen. Zum Frieden hat euch Gott berufen.« Im Bereich des Protestantismus wird diese Stelle seit der Reformationszeit als Begründung für eine Scheidung im Falle des sog. böswilligen Verlassens angesehen. Dies bedeutet, daß eine Scheidung ausgesprochen werden kann, wenn ein Ehegatte sich aus allen ehelichen Verpflichtungen und Verantwortungen böswillig zurückzieht.

Auch hier müssen wir genau prüfen, was der Apostel meint. Er spricht den Fall an, daß in einer heidnischen Ehe ein Ehegatte zum christlichen Glauben findet und der andere dann deswegen die Ehe nicht mehr aufrechterhalten will. In einer solchen Situation ist nach der Überzeugung des Apostels der gläubige Teil nicht sklavisch an das in 7,10f. gegebene Scheidungsverbot gebunden. Der Gläubige soll sich in einer solchen Situation nicht unter einen falschen Gewissensdruck setzen. Er soll nicht denken, daß er aufgrund des Scheidungsverbotes Jesu gezwungen wäre, die eheliche Gemeinschaft mit dem ungläubigen Teil fortzusetzen. Aber er soll auf der anderen Seite alles daran setzen, den Scheidungswilligen Teil in der Ehe zu halten, denn dieser steht ja in der Ehe unter dem Einfluß des Heiligen Geistes, wie Paulus in 7,14 ausgeführt hat. »Denn was weißt du, Frau, ob du den Mann erretten kannst? Oder du, Mann, was weißt du, ob du die Frau erretten kannst?« (1. Kor. 7,16)

Den Fall, daß der christliche Teil sich vom ungläubigen Teil zurückziehen und sich von ihm scheiden lassen will, bespricht Paulus nicht. Der Christ ist grundsätzlich in der Ehe seinem Ehegatten auf Lebenszeit verbunden. Er darf die Scheidung nicht wünschen. Dies führt der Apostel ausdrücklich in der schon besprochenen Stelle 1. Korinther 7,10ff aus.

Nun entsteht natürlich die Frage, wie sich der Christ verhalten soll, wenn der ungläubige Teil die eheliche Verbindung auflöst und sich scheiden läßt. Ist er dann weiterhin an ihn »gebunden«? Nach Römer 7,2 und 1. Korinther 7,39 ist dies der Fall. Eine Ehe ist in Gottes Augen erst beim Tod eines Ehegatten beendet. Solange besteht die »Bindung«. Und sie kann auch nicht durch die erfolgte Scheidung des ungläubigen Ehegatten aufgelöst werden.

Die Übersetzung von 1. Korinther 7,15: »Es ist der Bruder oder die Schwester nicht gebunden in solchen Fällen« ist mißverständlich. Im griechischen Text ist hier, wie gesagt, nicht vom »Gebundensein« die Rede (wie in Röm 7,2 und 1. Kor. 7,39), sondern von einem sklavischen Verpflichtetsein, die eheliche Gemeinschaft aufrechtzuerhalten.

Der Christ, der sich der biblischen Sicht von der Ehe als unauflöslicher Stiftung Gottes verpflichtet weiß, darf sich also auch in einer solchen – menschlich gesehen – notvollen Lage, wenn der ungläubige Teil sich von ihm hat scheiden lassen, diesem auch weiterhin in der Ehe vor Gott verbunden wissen. Er darf Gott zutrauen, daß der geschiedene Ehegatte zum Glauben findet, und er wird für ihn in treuer Fürbitte einstehen. Auch dann, wenn der andere eine weitere Ehe eingeht, wird er im Gebet weiter an ihn denken und sich an ihn vor Gott bleibend gebunden wissen. Deswegen wird er im Blick auf 1. Korinther 7,11 eine eigene Wiederheirat ausschließen, solange der geschiedene (und wiederverheiratete) Ehegatte am Leben ist.

8.4 Besondere Notfragen

Nach diesen Ausführungen, die der biblischen Lehre galten, komme ich zu einigen besonders gelagerten ehelichen Notsituationen, für die oft ein seelsorgerlicher Rat gesucht wird.

Da ist zunächst die Frage, was aufgrund der vorstehenden Abschnitte zur vollzogenen Ehe von Geschiedenen zu sagen ist. Aufgrund der biblischen Lehrauffassung, die ich dargestellt habe, kann ich persönlich kein Ja zu einem solchen Schritt finden. Ich vermag auch nicht zu raten, den Mantel des Vergessens darüber auszubreiten und so zu leben, als ob keine Schuld vor Gott vorläge. Mein Rat an solche Paare wäre vielmehr, daß sie Gott um Erkenntnis der Schuld bitten und dann vor Gott oder mit einem Seelsorger im Aufblick zu Jesus Christus diese Schuld bereinigen. Damit wird die Gewissensnot einer solchen Ehe nicht genommen, aber das Paar darf sich unter die Verheißung stellen, die David an sich selbst täglich erfahren hat: »Gelobt sei der Herr täglich. Gott legt uns eine Last auf, aber er hilft uns auch« (Psalm 68,20).

Zur Problematik der glaubensverschiedenen (nicht: konfessionsverschiedenen) Ehe, in der ein Teil gläubig und der andere Teil nichtgläubig ist, möchte ich ein ermutigendes Beispiel zitieren, das ich in einem Ehebuch gefunden habe. Eine Frau, die in ihrer Ehe durch schwere Prüfungen hindurchgegangen ist, berichtete einem ihr bekannten Prediger folgendes:

»Als Sie damals in Pr. predigten, war ich namenlos unglücklich und so arm, daß ich mit meinen Kindern auf bloßem Stroh schlafen mußte und für die armen Würmer nichts mehr zu essen hatte. Mein Mann war aus dem Gefängnis in einem solchen Zustand zurückgekehrt, daß er einem Teufel ähnlicher sah als einem Menschen. Aber gleich beim Eintritt in die Wohnung erblickte er einen Anschlagzettel, der Ihren Namen trug. Er sagte zu sich selber: Das muß derselbe sein, der mit mir im Bergwerk arbeitete; ich will hingehen und ihm zuhören. Sie hatten als Text Johannes 11,28: Der Meister ist da und ruft dich. Mein Mann wurde in der Versammlung sichtbar ergriffen. An jenem Abend saß ich zitternd vor Furcht in meiner Küche. Bei seiner Rückkehr befand sich nur ein kleines Stückchen Kerze auf dem Leuchter. Er fragte mich: Wo sind die Kinder? Ich antwortete ihm: Sie sind zur Ruhe gegangen. Hole sie! erwiderte er. Ich legte meinen Säugling, welchen ich auf den Armen hatte, nieder und ging hinauf. Ich kniete nieder bei meinen schlummernden Kindern und bat den Herrn, sie zu schützen; dann weckte ich sie auf und brachte sie hinunter. Zu meiner großen Überraschung nahm mein Mann die Älteste auf seinen Arm, küßte sie und sagte: Mein liebes Kind, der Herr hat dir heute abend deinen Vater geschenkt! Dann nahm er das zweite Töchterlein, den Knaben und das Jüngste und bewies auch ihnen seine Liebe in derselben zärtlichen Weise. Ich stand da und glaubte zu träumen. Doch da fühlte ich auf einmal, wie mein Mann meinen Hals umschlang, mich küßte und zu mir sagte: Meine liebe Frau, der Herr Jesus hat dir heute abend deinen Mann neu geschenkt!«[14]

Mit diesem ergreifenden Bericht möchte ich all denen Mut machen, die als Christ in einer Ehe leben, in welcher der andere den Weg des Glaubens nicht mitzieht oder sich sogar gegen den Glauben stellt. Gott vermag Wunder zu tun, und er ist in der Lage, aus den verhärtetsten Situationen noch etwas zum Lobe seines Namens zu machen. Wie wichtig ist es deswegen, daß wir in solchen Situationen nicht müde werden, unsere Sorgen auf ihn zu werfen und ihn um Abhilfe zu bitten, nicht damit wir ein bequemeres Leben bekommen, sondern damit der Ehepartner die Freude der Erlösung erfahren kann.

Wenn Frauen der gläubige Teil sind, dann ist es besonders wichtig, daß sie die Weisungen des Apostels Petrus in 1. Petrus 3,1ff. beherzigen. Ungläubige Männer sind keine Bekehrungsobjekte ihrer gläubigen Frauen. Die Frau soll vielmehr versuchen, ihren Mann durch ihren Lebenswandel für Christus zu gewinnen. Dies bedeutet, daß sie bereit ist, ihm in allen Lebensbereichen eine gute Hilfe zu sein. Folgendes Alltagsbeispiel hat mir in dieser Beziehung gut gefallen:

»Ein Mann mag z.B. gerne echten, frisch aufgebrühten Bohnenkaffee. Aber Sie geben ihm nur Pulverkaffee, weil es für Sie praktischer ist. Nun nehmen Sie Rücksicht auf seinen besonderen Geschmack. Dies ist ein Akt der Unterordnung ... Sie bringen nun die Kaffeekanne auf den Tisch und halten sie so, daß dem Mann der edle Duft des Bohnenkaffees in die Nase strömt. Er wird den Duft sofort mit Wohlgefallen bemerken: Hast du heute zur Abwechslung einmal echten Bohnenkaffee gekocht? ... Mein Lieber, ich habe gebetet, daß Gott mir helfen solle, eine bessere Frau für dich zu werden. Gott brachte mich auf den Gedanken, etwas zu tun, was dir gefällt. Du hast es nun Gott zu verdanken, daß du nun jeden Morgen deinen frisch gekochten Bohnenkaffee bekommst.«[15] Es sind gar nicht die großen Worte, sondern die kleinen Liebeserweise, die unser Leben weitgehend prägen. Ich bin mir dabei bewußt, daß der Weg des gläubigen Teils in einer solchen Ehe oft hart an den Rand des Abgrunds führt. Doppelt notvoll wird die Situation dort, wo der Christ seinen einsamen Weg ohne Brüder und Schwestern aus der Gemeinde gehen muß, die hinter ihm stehen. Nach der Weisheit Gottes soll ein leidendes Glied niemals alleine bleiben. Vielmehr sollen alle Glieder mitleiden (1. Kor. 12,26). Welch eine große Aufgabe für die Verkündigung und Seelsorge tut sich an dieser Stelle auf! Wem kann ich und soll ich ein Nächster, ein Mitleidender sein?

So verschieden der seelsorgerliche Rat in den Krisenzeiten einer Ehe sein muß (in bestimmten besonders notvollen Fällen kann durchaus auch eine vorübergehende Trennung erwogen werden), er läßt sich bündeln in einer einzigen Ermahnung. Nach 1. Mose 2,24 vollzieht sich die Ehe im Verlassen der Eltern durch den Mann, im Anhangen an der Frau und im Ein- Fleisch- Werden. Wem das Geheimnis dieser göttlichen Ehekonzeption aufgegangen ist, der wird in seiner Ehe immer wieder diesen Weg beschreiten. Er wird seinen Ehepartner als die wichtigste Bezugsperson seines Lebens täglich neu entdecken, er wird in Gedanken, Worten und Taten sich täglich aufs neue ihm »ankleben«, und er wird sich stets aufs neue unter die Verheißung des geschenkten »Eins-Seins»» stellen. Das klingt vielleicht kompliziert, aber es vollzieht sich in vielen kleinen Alltagsschritten, die dem anderen eine kleine Freude oder Überraschung bereiten; täglich in der Fürbitte an ihn denken; ihn immer wieder der eigenen Liebe versichern; nichts Häßliches über ihn denken; vor Dritten nichts Negatives über ihn sagen; ihn für Verletzungen um Entschuldigung bitten ... und schließlich niemals an Scheidung denken.

Abschließend möchte ich noch einen Blick auf unsere gesellschaftspolitische Entwicklung werfen. Ich möchte hier keine Statistiken bemühen. Ich möchte nicht über die Zunahme der Scheidungen ein Klagelied anstimmen. Und ich möchte auch nicht der Politik den schwarzen Peter zuschieben. Unsere Bestimmung als Christen ist es nicht, den Bankrott der Welt auszurufen, sondern die Wohltaten Gottes zu bezeugen (1. Petr. 2,9). Wir sind von Gott in Ewigkeit dazu erwählt, etwas zu sein zum Lobe seiner Herrlichkeit (Eph. 1,3ff.). Dieser Bestimmung entsprechen wir nicht durch Meckern und Moralisieren, sondern nur durch einen geschenkten Charakter, in dem die Liebe Gottes sich als Frucht des Geistes auswirkt (Gal. 5,22). Die beste Antwort auf die unendliche Scheidungsnot unserer Tage, die schon längst auch die Gemeinde Jesu erreicht hat und zu überspülen droht, sind stabile Ehen, in denen Freude, Frieden und Vergebung herrschen.

Unsere gesamte gesellschaftspolitische Entwicklung ist geprägt durch eine Abkehr von der Liebe. Die Liebe, die konkret wird in der Verantwortung für den Nächsten, hat im öffentlichen Bewußtsein kaum noch Kurswert. Die Gesetzgebung in der Bundesrepublik Deutschland ist seit den sechziger Jahren zunehmend von einem ganz anderen Prinzip bestimmt: Vom Prinzip der freien Entfaltung der Persönlichkeit. Dieses Prinzip könnte genausogut Prinzip des Egoismus und der Verantwortungslosigkeit heißen. Unverkennbar trägt auch das am 1. Juli 1977 in Kraft getretene neue Ehegesetz Züge des Prinzips der freien Entfaltung der Persönlichkeit. Der Staat sieht sich, nach diesem Gesetz zu urteilen, nicht mehr in der Lage, die Ehe wirksam zu schützen. Wer heute aus Motiven gleich welcher Art seine Ehe aufgeben will, ist in kurzer Zeit an seinem Ziel. Wenn der andere Partner an der Ehe festhalten möchte, hat er dazu keine Chance. Spätestens nach drei Jahren (von bestimmten Härtefällen abgesehen), manchmal auch schon früher, wird die Ehe geschieden. Keine Instanz ist mehr da, die sich wirksam schützend vor die Ehe stellen könnte. In einer Bilanz, die eine »Interessen- und Schutzgemeinschaft unterhaltspflichtiger Väter und Mütter« nach dem zehnjährigen Bestehen des neuen Eherechts gezogen hat, heißt es, daß die Ehe zu einem »preisgünstigen Versorgungsinstitut« für die Frau umfunktioniert worden sei. Die Ehe sei heute leichter aufzulösen als ein Mietvertrag. In zwei Drittel aller Fälle verlangten die Frauen die Scheidung. Die Folgen habe immer der wirtschaftlich Stärkere und damit in 95% aller Scheidungen der Mann zu tragen.[16]

Die weitreichende Schutzlosigkeit der Ehe heute veranlaßt schon Juristen zu Überlegungen, wie sie Christen auf privatrechtlichem Wege Schutz durch einen sog. Scheidungsverzichtsvertrag zukommen lassen könnten.[17]

Der schmerzlichste Mangel aber, den das neue Eherecht aufweist, besteht nach meiner Überzeugung im Verlust der Dimension der Schuld. Was als so großer Fortschritt gepriesen wurde, daß nun nicht mehr das Schuldprinzip gelte und keine schmutzige Wäsche mehr gewaschen werden müsse, erweist sich beim näheren Hinsehen als eine schlimme geistige und geistliche Degenerationserscheinung. Gegenüber der sonstigen Kreatur ist der Mensch das einzige Lebewesen, das von Schuld weiß. Es gehört geradezu zum Vorrecht des Menschen, schuldig werden zu können. Die Erfahrung der Schuld war für den Menschen immer eine seiner größten Herausforderungen und einer der stärksten Antriebe, nach Gott zu fragen. Seit Jesus Christus auf diese Welt kam, muß diese Frage nicht ohne Antwort bleiben. Der schuldig gewordene Mensch darf im Aufblick des Glaubens Vergebung suchen und empfangen. Vielleicht darf ich eine gewagte Kurzformel aussprechen: Schuld und Schuldbewußtsein macht den Menschen zum Menschen, empfangene Vergebung macht ihn zum Christen.

Welch ein gravierender Verlust für unser Menschsein und für unser Christsein, daß nach dem heute geltenden Ehegesetz Schuld keine Rolle mehr spielt! Wo Schuld nicht mehr beim Namen genannt wird, wo Schuld verschleiert und verschwiegen wird, da braucht der Mensch auch keine Vergebung mehr. So gesehen, erweist sich das geltende Eherecht als starkes Indiz für die wachsende Entchristlichung unserer Gesellschaft.

Die Folgen dieser Auswanderung der Liebe aus der Gesellschaft kann der Christ nur mit großer Erschütterung zur Kenntnis nehmen. Die fortschreitende Entfremdung der Geschlechter in unserer Gesellschaft, das Heer der Scheidungskinder, die wachsende Angst vor der Ehe in der Jugend, all dies macht so maßlos traurig. Wieviel Leid und Not produziert sich doch der Mensch, wenn er sein Leben dazu einsetzt, »seine Persönlichkeit frei zu entfalten«, anstatt Zuflucht zu suchen in den vergebenden Armen Gottes. Welch eine Herausforderung ist doch unsere Zeit für uns Christen, einer Menschheit, die in all ihrer Freiheit so gebunden ist, die Liebe Gottes und die Möglichkeit einer ehelichen Gemeinschaft zu bezeugen, die, gegründet auf dem Fundament Christi, Zuversicht, Freude und Kraft vermittelt.

Ehekrisen sind kein Grund zur Scheidung, sondern sie sollen uns in die Glaubensschule Gottes führen. Im Aufblick zu Ihm können Anfechtung und Versuchung durchstanden werden. In seiner Seelsorge wächst uns Mut zu, vor den Schwierigkeiten nicht zu kapitulieren, sondern sie zu bewältigen. Niemand hat diese Eheseelsorge Gottes in schönere Worte gefaßt als Paul Gerhardt in seinen Ehestandsliedern. Deswegen soll dieses Kapitel mit einem Vers aus dem Lied »Wie schön ist's doch, Herr Jesu Christ, im Stande, da dein Segen ist« beschlossen werden:

»Seid gutes Muts! wir sind es nicht,
die diesen Orden aufgericht,
es ist ein höh'rer Vater;
der hat uns je und je geliebt
und bleibt, wenn unsre Sorg uns trübt,
der beste Freund und Rater;
Anfang, Ausgang aller Sachen,
die zu machen wir gedenken,
wird er wohl und weislich lenken.«

9. Alleinlebend – frei für besondere Aufgaben

In diesem Kapitel wollen wir der Frage nachgehen, wie sich das Ledig- und Verwitwetsein im Horizont des christlichen Glaubens gestalten kann. Dabei wollen wir uns von den schöpfungstheologischen Aussagen der ersten drei Kapitel dieses Buchs leiten lassen. Wenn es stimmt, daß Gott den Menschen zu einem kommunikativen Wesen erschaffen hat, das Sinnerfüllung nur in der Zuwendung zum Du finden kann, dann gilt dies nicht nur für verheiratete, sondern auch für alleinstehende Menschen. Nicht indem wir mit unserem Wesen bei uns selbst bleiben, sondern durch Gemeinschaft mit dem menschlichen und göttlichen Gegenüber kommen wir zu unserer Bestimmung. Jede menschliche Gemeinschaft hat dabei nur einen vorläufigen Sinn. Sie soll uns einüben und vorbereiten auf die ewige Gemeinschaft mit unserem Herrn in Gottes Herrlichkeit. Ehe, Familie, Freundschaft, Bekanntschaft sind also vorläufige und vorletzte Werte. Wer sie zu letzten Werten erhebt, wird ohne es zu wollen und zu merken zum Götzendiener. Während meines Dienstes im Pfarramt habe ich es einige Male bei Gesprächen über anstehende Beerdigungen erlebt, daß der hinterbliebene Ehepartner, in Tränen aufgelöst, mich fragte, was denn nun aus ihm werden solle. Er könne jetzt keinen Sinn mehr in seinem Leben sehen, da er nur für den Ehepartner gelebt habe. Wie schwer wurde mir dann immer die Antwort. Wir stehen also alle in einem lebenslangen Lernprozeß, die Gemeinschaftsformen, die Gott uns schenkt, dankbar anzunehmen, uns aber gleichzeitig nicht im letzten an sie zu binden.

Was bedeutet dies für den Stand der Ledigen und Verwitweten? Wenn alle menschliche Gemeinschaft vorläufig und ein Einübungsfeld für die Gottesgemeinschaft ist, dann steht jeder Mensch, gleichgültig ob er verheiratet oder alleinstehend ist, vor dieser großen Aufgabe. Die Unterschiede verlieren ihre Wertigkeit. Weder fällt es dem verheirateten Menschen leichter, sich auf das ewige Du Gottes vorzubereiten, noch hat es der alleinstehende Mensch schwerer in dieser Einübung. Die Ehe kann genausogut Hilfe und Last auf diesem geistlichen Weg sein wie das Alleinsein. Wichtig ist allein – egal ob wir verheiratet oder alleinstehend sind –, daß wir in Jesus Christus den Ankerplatz unseres Lebens gefunden haben. Er ist gekommen, um allen Menschen, unabhängig vom Alter, Geschlecht, Herkunft und Personalstand, Leben und volle Genüge zu bringen (Joh. 10,10).

Finden wir im biblischen Wort eine Wegweisung in der Lebensfrage, ob ein Mensch ledig bleiben oder sich verheiraten soll? Die Bibel erschließt sich nicht, wenn wir sie als eine Art Rezeptbuch oder Gebrauchsanleitung mißverstehen. Die Bibel ist ein Christusbuch, das uns in das Glaubenswagnis hineinruft, unser Leben dem Gottessohn und seinen Verheißungen anzuvertrauen. »Er führet mich auf rechter Straße um seines Namen willen« – das ist die unbedingte Zusage, die der Glaube ergreifen darf und erfahren wird. Dies gilt für die Grundentscheidungen des Lebens ebenso wie für seinen alltäglichen Vollzug. Deswegen darf sich jeder auch in seiner persönlichen Frage nach Heirat oder Ledigsein vertrauensvoll an den Herrn wenden.

Welche Leitlinien vermittelt die Schrift für eine solche Entscheidung? Die Schöpfungsordnung Gottes, nach welcher Mann und Frau füreinander in der Ehe geschaffen und bestimmt sind, prägt das Alte Testament genauso wie das Neue Testament. Die Ehe ist der »Normalfall«, auf den Mann und Frau zugehen. Dennoch finden wir einen bedeutsamen Unterschied zwischen den Testamenten. Während im Alten Bund die Ehe als die einzig gottgefällige Lebensform galt, tritt im Neuen Testament die Ehelosigkeit um des Reiches Gottes willen gleichberechtigt und gleichwertig dazu.

Gleichzeitig setzt eine umwälzende Neubewertung aller menschlichen Lebensbereiche und -bezüge ein. Alles wird bezogen auf die neue Lebenswirklichkeit des Reiches Gottes, in welche der Christ durch den Glauben hineingenommen wird. Alles Irdische wird relativiert und zum vorletzten Wert erklärt, an den der Christ sein Herz nicht mehr hängen darf. Ob es die Ehe ist, die Kinder und Verwandten, die Freunde, der Beruf, das leibliche Wohlbefinden oder der eigene Besitz – der Christ wird in eine innere Distanz dazu versetzt. »Fortan sollen auch die, die Frauen haben, sein, als hätten sie keine; und die da weinen, als weinten sie nicht; und die sich freuen, als freuten sie sich nicht; und die da kaufen, als besäßen sie es nicht; und wer sich diese Welt zunutze macht, als nutze er sie nicht. Denn das Wesen dieser Welt vergeht« (1. Kor. 7,29-31). Die neutestamentliche Ethik ist eine Ethik des angebrochenen Reiches Gottes.

Damit wird dem Christen ein ganz neuer Entscheidungsspielraum geschenkt. Er muß für seine Lebensgestaltung nicht »automatisch« die Ehe wählen, sondern er darf nun ringen und beten um die ihm von Gott zugewiesene Lebensform. Er darf sich in der Freiheit der Kinder Gottes prüfen, ob Gott ihm die Ehe oder die Ehelosigkeit schenken will. Er weiß, daß Gott ihm in beiden Lebensformen Erfüllung schenken kann.

Das Mittelalter stand mit seiner Idee des Klosters in der Gefahr, die Ehelosigkeit der Ehe vorzuziehen. Wir stehen heute in der Gemeinde eher in der umgekehrten Gefahr. Im neutestamentlichen Zeugnis werden jedoch beide Lebensformen völlig gleich behandelt und dargestellt.

Gottes Wege sind höchst individuell, und oft geht er lange unsere Irrwege und Umwege mit, bis wir einen Blick für seine Wege bekommen. Aber es ist immer ein Abenteuer, sein Leben nicht selbst gestalten zu wollen, sondern die Regie abzugeben. Die Erfahrung des Glaubens zeigt, daß wir die Führung Gottes dort am handgreiflichsten erleben, wenn wir bereit sind, unsere Lieblingswünsche und -ziele dranzugeben. Wer seinen Wunsch, zu heiraten oder auch ledig zu bleiben, Gott ernsthaft hinlegt, wird erfahren, daß Gott ihm genau das zurückgibt, was für ihn gut ist. »Trachtet zuerst nach dem Reich Gottes und seiner Gerechtigkeit, so wird euch alles andere geschenkt« (Matth. 6,33). Als Beispiel einer erlebten Führung Gottes möchte ich an dieser Stelle den Lebensbericht einer alleinstehenden Frau wiedergeben, die ihn mir auf meine Bitte hin zur Verfügung gestellt hat.

»Meine Mutter ist noch in ihrem hohen Alter von heute 88 Jahren eine liebreizende Erscheinung, voller Willenskraft, weltoffen, anpassungsfähig und mit einem geistreichen, feinen Humor begabt. Mit gerade 50 Jahren wurde sie Witwe. Mein Vater starb an den Folgen eines Arbeitsunfalles. Oft saß sie damals mit einer Stopfarbeit an seinem Krankenlager. Beide liebten sich innig und waren in der Lage, das auch in Worten dankbar auszudrücken.

Mein Vater war ein ganzer Mann, korrekt in allem, was er tat. Sie teilten sich alle Aufgaben und nahmen Anteil am täglichen Ergehen des anderen. Wir heizten in der Kriegszeit die Öfen mit Holz, das Vater selber im Wald schlug. Mutter war immer um ihn. Sie arbeitete unermüdlich für uns bis in die Nächte – und Nächte hindurch –. Aber wie oft hörte ich Vater rufen: '... laß stehen, das ist zu schwer für dich', und er lief ihr entgegen. Immer nannte er sie bei ihrem Kosenamen. Als ich schon ein junges Mädchen war, erlebte ich, wie Vater eine Kiepe Holz in die Küche brachte. 'Am Sonntag kriegst du es gehobelt', sagte er lachend, setzte die Kiepe ab und nahm Mutter erst mal in den Arm.

Damals ahnte ich, was Ehe ist. Wen könnte es da verwundern, daß ich dieses Ehekonzept in mir bewahrte und darauf hoffte, daß es sich verwirklichen ließe. Ich war mir darüber klar, daß ich eines Tages meinen anspruchsvollen Beruf, dessen Vorbereitungszeit mein Vater noch erlebte und förderte, zugunsten dieses Ehekonzepts aufgeben würde, wenn der Mann käme, der Ehe so verstand, wie es Vater getan hatte. Ein wenig Angst lebt aber in jedem jungen Mädchen vor der Entscheidung. Würde man Zeit haben zu fragen, wie er denkt? Ja, er müßte einem Zeit lassen zu fragen, zu überlegen und sich zu entscheiden. So dachte ich. Und dann war allen Beteiligten das grausame Resultat des Krieges klar: Frauenüberschuß! Ein schreckliches Wort. Und mein Jahrgang gehörte dazu. 'Wie gut, daß du deinen Beruf hast' sagten Verwandte und Bekannte und meinten es ehrlich. Ich selbst war von Anfang an zufrieden und glücklich in meiner Arbeit. Und doch, ich hatte Vorbehalte. Ich wollte mich noch nicht endgültig und gänzlich an meinen Beruf hingeben, denn ich wollte bereit sein für den Augenblick, in dem ich ihn aufgeben konnte, denn vielleicht ..., dachte ich. Stellte ich zu hohe Ansprüche? Gab es solche Männer wie Vater nicht mehr? Einen Mann, der seine Frau an seinem Beruf teilhaben läßt? Ich wollte schon so sein wie Mutter und mit dem Beruf meines Mannes wachsen, alles mit ihm teilen, ihm Hilfe und Stütze sein, ihn fröhlich machen, wenn er heimkäme. Bis dahin, nur bis dahin wollte ich meinen Beruf ausüben, zwar treulich und gewissenhaft, aber 'verlieben' wollte ich mich nicht in meine Arbeit. Und eines Tages geschah es dann, daß ich in die Entscheidung gestellt wurde, plötzlich und eindringlich. Ich fühlte, daß ich meinen Beruf lieben mußte, wenn er mich ein Leben lang ausfüllen sollte. Ganze Hingabe, auch hier. Inzwischen hatte ich mich ganz der Führung Gottes anvertraut. Und ich lernte auch, mich ganz meinem Beruf hinzugeben, hatte ich anfänglich auch immer noch Bedenken, daß ich nun still verblühen würde, unerkannt, vielleicht 'vermännlichen' in der Eintönigkeit einer 'männlichen' Arbeitswelt. Aber bald spürte ich die Kraft meiner weiblichen Veranlagung in meiner Arbeitswelt. Ich brauchte nicht anders zu sein, als ich war. Ich durfte Frau sein und bleiben. Meine Umsicht, meine Tatkraft, Anpassungsfähigkeit und Ausdauer waren einsetzbar.

Inzwischen neigt sich meine Berufszeit dem Ende zu, aber diese letzten Jahre empfinde ich als die allerschönsten und die reifsten. Alle meine weiblichen Anlagen konnten sich voll entfalten.

Freude schenken, trösten, helfen, behüten vor dem Schuldigwerden, Mut zusprechen, warnen und anleiten. Ich durfte auf Gottes Weg durch meine Berufswelt beharrlich weitermachen, auch wenn es einmal schwer zu werden schien. Am Ende wurde es immer besser, als ich es mir hätte ausdenken können. Ich durfte wachsen in den beruflichen Qualitäten, meine Stellung ausbauen und festigen. Der Abschied von meiner geliebten Berufswelt wird mir zwar schwer werden, aber meine Zeit wurde schön und sinnvoll genutzt, auch ohne Ehe.«

Manch ein Leser oder manch eine Leserin wird vielleicht in den vorstehenden Ausführungen noch keine genügende Entscheidungshilfe entdeckt haben. Sie möchte ich noch auf eine besondere Perle in den paulinischen Briefen hinweisen. Ich meine eins der persönlichsten Kapitel, die Paulus überhaupt geschrieben hat, das 9. Kapitel im 1. Korintherbrief. Wenn es überhaupt eine konkrete Entscheidungshilfe für die Frage Heirat oder Ledigsein gibt, dann liegt sie im Evangelium begründet. Wer dieses

Kapitel liest, kommt aus dem Staunen nicht heraus. Ich möchte es das Kapitel christlicher Freiheit nennen.

Zur Situation: Paulus wird von den Korinthern verdächtigt, kein vollwertiger Apostel zu sein, weil er ehelos geblieben ist und, anstatt sich von den Gemeinden versorgen zu lassen, seinen Lebensunterhalt stets selbst verdient. Paulus argumentiert sehr aufschlußreich. Selbstverständlich hätte er das Recht, wie jeder andere Apostel zu heiraten und sich von den Gemeinden versorgen zu lassen. Aber er will diese Lebenserleichterungen bewußt nicht in Anspruch nehmen. Er ist von seiner Christusbegegnung so überwältigt, daß er nun in großer Konsequenz alles, was er ist und hat, für die Verkündigung des Evangeliums einsetzen will. Er »muß es tun« (1. Kor. 9,16). Dieses »muß« ist höchste christliche Freiheit. So sehr ist er Christus verpflichtet, daß er auf alles andere verzichtet. Er will nur eins: Mit jedem Atemzug den Dank für seine Errettung abstatten. Es kommt ihm gar nicht in den Sinn, für dieses Engagement irgendwelche Erleichterungen oder Unterhaltsansprüche zu erbitten oder zu fordern. Dies würde er schon als Einschränkung seiner Hingabe verstehen.

Hier haben wir das Entscheidungskriterium des Evangeliums. Wer sich so tief geliebt weiß wie der Apostel, wem seine Christusbegegnung nicht nur viel, sondern alles bedeutet, der wird aus Liebe und Dankbarkeit nach Wegen suchen, wie er nun ungeteilt Jesus dienen kann. Dabei wird er auch die Ehelosigkeit ins Auge fassen, die zweifellos einen ganz besonderen Einsatz für das Evangelium ermöglicht. Wer sich also prüft, ob er um des Reiches Gottes willen ehelos bleiben sollte, muß auf Christus und nicht auf sich selbst blicken. Nicht die eigene Veranlagung und Bereitschaft, sondern das Überwältigtsein von der Liebe Gottes ist der Maßstab für die Entscheidung. Wilhelm Löhe, der Gründer des Diakonissenwerkes Neuendettelsau, sagte zu den Mädchen, die sich bei ihm zur Ausbildung bewarben, wenn sie nach der finanziellen Vergütung fragten: Dein Lohn ist, daß du darfst. Das ist natürlich eine Aussage, die im Zeitalter der Tarifverhandlungen auf Unverständnis stoßen muß. Aber sie entspringt, recht verstanden, der Glaubenserfahrung eines Menschen, der staunend und fassungslos vor der Tatsache steht, daß Gott seinen einzigen Sohn für ihn geopfert hat.

Nun möchte ich noch etwas über den Stand der Witwer und Witwen sagen. Auch diese Lebenssituation kann von Gott reich gesegnet werden. Wenn die Witwe (oder der Witwer) die Zuflucht bei Gott findet, dann treten die vielfältigen Verheißungen in Kraft, die von der Bibel den Witwen und Waisen gegeben werden (1. Tim. 5,5; Ps. 68,6 und Ps. 146,9). Ein besonders bewegender Bericht steht in 1. Könige 17: Der Prophet Elia wird während einer Hungersnot zu einer Witwe geschickt, die eben sich selbst und ihrem Sohn die letzte Speise bereitet hatte, um sich dann mit ihm sterben zu legen. Elia bekommt von Gott den Auftrag, der Frau auf wunderbare Weise Mehl und Öl zu verschaffen und wenig später den an einer schweren Krankheit gestorbenen Sohn zum Leben zu erwecken.

Hier wird es ganz konkret, was es bedeutet, daß Gott ein Gott der Witwen und Waisen ist.

Aber wir finden im biblischen Zeugnis auch Witwen, die auf Gottes Fürsorge mit ganzer Lebenshingabe reagieren. Die bekannte Geschichte vom »Scherflein der Witwe« gehört hierzu (Mark. 12,41-44). Eine Witwe spendet das wenige Geld, das sie besitzt, für Gott. Wer alles gibt, was er hat, gibt sich selbst. Diese Witwe ist das leuchtende Beispiel einer Frau geworden, die nach dem Tod ihres Mannes Gott nicht anklagt, sondern ihn mit ganzer Hingabe sucht. Gott nimmt uns niemals etwas, ohne uns dafür etwas anderes und oft etwas besseres zu geben. Wer verwitwet ist, darf wissen, daß Gott zu seinem Wort steht und bereit ist, großen Trost, neue Glaubenserfahrungen und neue Aufgaben zu schenken. Hier nun als Beispiel das Zeugnis einer Witwe, die mir persönlich gut bekannt ist. Es soll allen Mut machen, die nach dem Tode ihres Ehepartners in die Gefahr des Trübsinns und der Schwermut geraten.

»Vor drei Jahren beendete Gott durch den Tod meines Mannes unsere 38jährige Ehe. Wer mag schon reden über die erste Zeit der Trauer, über die Last der Dunkelheit, die Unfaßbarkeit der ungeheuerlichen Veränderung? Heute werde ich manchmal gefragt: 'Wie hast du das bewältigt?' Am Anfang, Monate vorher, stand eine Verheißung des Herrn: 'Ich will euch trösten, wie einen seine Mutter tröstet.' Als ich dies Wort zum drittenmal erhielt, wurde das Herz bange mit der Frage: 'Was hat Gott vor, daß er uns immer wieder Trost verspricht?' Später dann, in der Qual des Schmerzes, kam mir das Wort in Erinnerung, lockte mich Jesus damit heraus aus dem Gefängnis der fast verzweifelnden Trauer in das Vertrauen auf seine Treue. Amos 7,7f. begleitete mich lange Zeit: 'Wenn ich auch darniederliege – so werde ich wieder aufstehen, wenn ich auch im Finstern sitze – so ist doch der Herr mein Licht'.

Ich wußte nun: Gott erwartet nichts anderes von mir – keine heldenhafte Anstrengung des Glaubens, nur mein Vertrauen in Seine Liebe. Das war mir fast entschwunden, fühlte ich mich doch immer als von Gott geschlagen!

Dann fand ich ein gutes Wort von Corrie ten Boom: 'Dein Wille geschehe' ist kein Ausdruck des Verzichts, sondern der Entschlossenheit.

Das bewegte mich lange. Nein, ich wollte mich nicht in Gottes Willen ergeben, wie man sich in ein blindes Schicksal ergibt – oft nichts anderes als Resignation! Es galt Entschlossenheit, Seinen Willen anzunehmen, und zwar als *gut* anzunehmen, auch wenn ich für mich gar nichts Gutes daran entdecken konnte.

Dennoch überflutete mich oftmals eine gefährliche Schwermut, und ich mußte an das Wort denken: 'Die Traurigkeit der Welt wirkt den Tod'. Als ich dann aber lernte, Selbstmitleid und Eigenliebe als Sünde zu erkennen und unter das Kreuz zu bringen, kam Freude in mein Herz!

Immer wieder aber stellte sich mir die Frage: 'Wie soll ich nun ohne meinen Mann leben?' Schien doch das Leben plötzlich so inhaltlos! Was war es noch wert? Da zeigte mir der Herr unter einer Predigt, daß es nicht recht war, dieses neue Leben so viel weniger wertzuachten als das verlorene. Wieder mußte ich um Vergebung bitten und Ja sagen.

So hatte nun Gott in seiner unendlichen Liebe und Geduld die Fundamente meines Lebens und Glaubens zurechtgebracht und befestigt, und damit war der Weg freigeworden für neue Aufgaben und Herausforderungen. Bald zog eine geschiedene Tochter zu mir mit ihren zwei Kindern, die neben den vielfältigen Aufgaben viel Liebe und Freude in mein Leben brachten. Das Herz wurde gestärkt in der Gewißheit: ‘Herr, alles, was Du tust, ist gut!’

Gott gab mir auch mit der Zeit Gelegenheit, andere Trauernde zu trösten und aufzurichten, wie es Paulus schreibt in 2. Korinther 1,3f: ‘Gott tröstet uns, damit wir trösten können.’ Auf diese Weise wird man wieder zum Werkzeug in Seiner Hand, und das ist doch das Beste, was unserem Leben geschenkt werden kann!«

Noch einmal sei an dieser Stelle Paul Gerhardt zitiert. Seine Lieder sind gedichtete und gesungene Seelsorge Gottes, besonders auch an Witwen und Waisen. So heißt es in einem Vers seines Liedes »Du meine Seele, singe«:

»Er ist der Fremden Hütte, die Waisen nimmt er an, erfüllt der Witwen Bitte, wird selbst ihr Trost und Mann«.

Wer die Pastoralbriefe des Apostels Paulus liest, also seine beiden Briefe an Timotheus und den an Titus, in denen er konkrete Anweisungen zum Aufbau der jungen christlichen Kirche gibt, findet auch einen langen Abschnitt über den Dienst der Witwen in der Gemeinde (1. Tim. 5,3-16). Diese Anordnungen veranlassen mich, über die Situation in unseren Gemeinden nachzudenken. Welch ein breites Betätigungsfeld christlicher Liebe finden wir hier! Da warten Kranke und Alte, besucht zu werden, sowohl in ihren Familien als auch in Heimen. Da sind Hausfrauen, die sich über ein Gespräch über Ehe- oder Erziehungsfragen sehr freuen würden. Da sind Gebrechliche, die dankbar wären, wenn ihnen ein paar Handgriffe im Haushalt getan werden könnten. Ferner sind überlastete Mütter anzutreffen, die froh wären, wenn sich ab und zu einmal jemand einige Stunden um ihre Kinder kümmerte. Oder denken wir an Schlüsselkinder, die nachmittags oft stundenlang allein in der elterlichen Wohnung bleiben müssen. Denken wir noch an Geburtstagsbesuche, über die sich wohl jeder freut, auch an Krankenhäuser und Strafanstalten. Welch ein Warten, welch eine Sehnsucht nach tätiger Liebe! Und wenn wir dann noch die Möglichkeiten dazunehmen, welche ein gastfreundliches offenes Haus bietet, dann verstehen wir, warum der Apostel im Dienst der Witwen einen so wichtigen Beitrag zum Gemeindeaufbau sieht.

Nun könnte vielleicht jemand auf die Sozialstationen, auf staatliche und Vereins-Aktivitäten hinweisen. Ohne daß ich dieses Engagement in irgendeiner Weise schmälern möchte, ist aber doch wohl die Frage erlaubt, ob damit genug getan ist.

Christen haben einen besonderen Auftrag. Sie kommen im Namen ihres Herrn. Wieviel Not könnte noch gelindert werden, und welch unschätzbarer Dienst für die Glaubwürdigkeit der christlichen Verkündigung könnte noch geleistet werden, und vor allem, wieviel Liebe Gottes könnte noch in die oft so freudlosen Häuser in unseren Gemeinden getragen werden, wenn die Witwen (und auch hier möchte ich die Witwer wieder miteinbeziehen) noch williger den Anweisungen des Apostels Paulus folgten.

Aber die Sache hat noch eine andere Seite. Wieviel Freude und Sinn käme in das Leben der Verwitweten hinein! Geteilte Freude ist doppelte Freude, diese Weisheit gilt nirgends so sehr wie in der aktiven Nächstenliebe.

Das Leben geht an den Alleinstehenden nicht vorüber, seien sie ledig, verwitwet oder auch kinderlos, wenn sie es mit dem guten Hirten teilen. Er gleicht allen Mangel aus. Er befreit vom neidischen Blick auf den anderen genauso wie vom quälenden Selbstmitleid. Er schenkt tiefe Sinnerfüllung in jeder Lebenslage, und den Alleinstehenden gibt er Aufgaben, die ihnen auf den Leib geschrieben sind.

10. Vom Dienst des Mannes und der Frau in der Gemeinde

Im letzten Kapitel dieses Buches geht es noch einmal um das Dienen. In der Ehe dient uns Gott in einzigartiger Weise, indem er uns die Erfahrung des Angenommenseins, der Geborgenheit und der Heimat schenkt. Wer diesen Dienst Gottes im Glauben dankbar annimmt, wird frei, anderen zu dienen. Der erste Ort solchen Dienstes ist die Ehe selber, also der Ehepartner. In einem zweiten konzentrischen Kreis erstreckt sich unser Dienst auf unsere Kinder und Verwandten. Der dritte Kreis ist die Gemeinde.

Wenn Gott einem Menschen die Rätselfrage seines Seins in der Glaubensbegegnung mit Jesus Christus löst, dann sieht er hinter diesem Menschen schon die Gemeinde. Bei Gott gibt es keine Individualbekehrungen, sondern nur gemeindebezogene Bekehrungen. Als Abraham in den Glauben gerufen wurde, bekam er sofort die Verheißung, daß Gott aus ihm ein großes Volk machen will (1. Mose 12,2). Als Petrus eine wunderbare Begegnung mit dem Auferstandenen am See Genezareth erlebt, bekommt er sofort den Auftrag: Weide meine Schafe! (Joh. 21,15-17). Der Mensch wird geboren, um den Dienst Gottes an sich zu erfahren. Er wird wiedergeboren, um anderen zu dienen.

Neben der Ehe ist die Gemeinde das zweite große und entscheidende Kommunikationsfeld, auf dem der Christ sich auf das ewige Du Gottes vorbereiten soll. Insofern ist unser Dienst in der Gemeinde nicht unserem Belieben freigestellt, sondern gehört elementar zu unserem Christsein dazu. Im 12. Kapitel des 1. Korintherbriefs erinnert der Apostel die Gemeinde an das gewaltige Geschehen der geistlichen Wiedergeburt eines Menschen und zieht daraus die Konsequenz des Dienstes. »Wir sind alle durch einen Geist zu einem Leib getauft, wir seien Juden oder Heiden, Unfreie oder Freie, wir sind alle mit einem Geist getränkt« (1. Kor. 12,13).

Die Bekehrung hat also eine gemeindliche Dimension. Wir werden hineingenommen in den großen, geistlichen, Zeit und

Raum übergreifenden Leib Christi. Wir werden einander zu Brüdern und Schwestern, wir werden in eine Gemeinschaft gestellt, die uns über alle Unterschiede des Alters, des Geschlechts, der Herkunft, der Bildung, des Charakters, des Berufs, des Besitzes, der geistlichen Erkenntnis und der politischen Überzeugung zusammenschließt.

Gemeindeaufbau geschieht wesentlich dadurch, daß »die Heiligen zugerüstet werden zum Werk des Dienstes« (Eph. 4,12). Was ist damit gemeint? Unser Dienst in der Gemeinde besteht darin, daß »ein jegliches Glied dem andern kräftige Handreichung tut« (Eph. 4,16). Die Liebe öffnet mir die Augen für die Not des anderen. Sie schenkt mir Kraft zum Wollen und Vollbringen. Wer die apostolische Strategie des Gemeindeaufbaus einmal verstanden hat, der wird tief dankbar für dieses Konzept. Nicht um sich zu profilieren, nicht um Dankbarkeit und Ehre zu ernten, nicht um seine Gaben zur Schau zu stellen, sondern um die Not des anderen zu lindern, seinen Mangel auszugleichen und ihm Liebe und Hilfe zu schenken, hat uns Gott in seine Gemeinde hineingestellt.

Wenn wir diese Dienstverpflichtung im Auge behalten, werden wir die konkreten Dienstanweisungen für den Mann und die Frau verstehen, die wir im Neuen Testament finden. Sie sind keineswegs zeitgebunden, wie Ausleger meinen, die das biblische Bild von Mann und Frau nicht verstanden haben. Im Gegenteil, diese Anweisungen sind zugleich praktikabel und aktuell, wie wir gleich sehen werden. Wo sie in einer Gemeinde entdeckt und befolgt werden, wird das geistliche Leben gestärkt und gefördert. Wo sie mißachtet werden, gibt es Leerlauf und Verfall, auch wenn ein beeindruckender äußerer Betrieb herrschen sollte.

Wenden wir uns nun zunächst dem Dienst des Mannes für die Gemeinde zu. Ich möchte dafür einige Grundzüge dieses Dienstes am Beispiel der Ältesten im Alten Bund nachzeichnen. Aus den Berichten über die Berufung der Ältesten während der Wüstenwanderungszeit Israels wissen wir, daß sie priesterliche Dienste im weitesten Sinn des Wortes zu verrichten hatten. Nach 2.

Mose 24,2 sollten sie Gott anbeten, und nach 4. Mose 11 sollten sie Mose helfen, die Last der Leitung des Volkes mitzutragen. Dieses Lastentragen wurde konkret im Gebot, das Volk immer wieder in den Geboten Gottes zu unterweisen (5. Mose 31,9-13), ferner im Akt stellvertretender Buße für das Volk (Jos. 7,6) und im Segnen des Volkes (Jos. 8,33).

Damit haben wir schon vier wichtige Aspekte des priesterlichen Dienstes der alttestamentlichen Ältesten: Anbetung, Unterweisung, stellvertretende Buße und Segnung. Es ist recht aufschlußreich, das Verhalten der Ältesten in der weiteren Geschichte Israels zu verfolgen. In Josua 24,31 steht der interessante Satz: »Und Israel diente dem Herrn, solange Josua lebte und die Ältesten, die noch lange Zeit nach Josua lebten und alle Werke des Herrn kannten, die er an Israel getan hatte«.

Wenn Älteste die Werke des Herrn kennen, wenn sie also selbst Glaubenserfahrungen mit Gott machen konnten, dann geht es einer Gemeinde gut. Doch diese Zeit ging in Israel bald vorüber.

In 1. Samuel 4,3 und 1. Samuel 8,4 finden wir zwei Beispiele, wie die Ältesten versagen. Die erste Stelle beschreibt ihre trügerische Hoffnung, die Bundeslade könne schon durch ihre bloße Existenz das Kriegsgeschick für Israel wenden. Welch ein gewaltiger Irrtum. Aber liegt er uns so fern? Wie sieht es denn in unseren Gemeinden aus? Begnügen sich nicht die Männer und die zur Gemeindeleitung Berufenen oft mit den äußeren Merkmalen der Frömmigkeit? Wer meint, daß die bloße Tatsache von Gottesdiensten, Diakonie, Mission oder sozialer Aktivität schon geistliches Leben verbürgt, der ist heute genau in demselben Irrtum wie die Ältesten damals.

Oder nehmen wir das zweite Beispiel. Die Ältesten wollen einen König über Israel einsetzen. Obwohl Samuel im Namen Gottes protestiert, setzen sie ihren Willen durch. Das Königtum Gottes war ihnen nicht genug. Wiederum ein verhängnisvoller Irrtum. Aber auch hier sollten wir uns fragen, ob er uns wirklich so fern liegt. Suchen nicht auch wir oft in Krisenzeiten von Kirche und Gemeinde unsere Zuflucht bei einflußreichen Menschen,

Ämtern und Strukturen? Der frühere bayerische Landesbischof Hermann Dietzfelbinger hat in seinen Erinnerungen selbstkritisch die kirchliche Restauration nach dem 2. Weltkrieg beleuchtet und die Frage gestellt, ob man nicht damals viel zu viel Kraft in Strukturfragen und viel zu wenig Energie in die geistliche Erneuerung der Kirche gelegt hat.

Der weitere geistliche Abstieg des alttestamentlichen Ältestenamtes war nur noch eine Frage der Zeit. Der Prophet Hesekiel schaut in einer Vision, wie Älteste im Jerusalemer Tempel scheußliche Götzenbilder anbeten (Hes. 8,7-13).

Das neutestamentliche Ältestenamt kann uns ebenfalls wesentliche Einsichten in den Dienst des Mannes für die Gemeinde vermitteln. Noch einmal möchte ich auf die wichtige Stelle Epheser 4,11-16 hinweisen. Kaum irgendwo anders wird es so deutlich, daß die Leitungsaufgabe des Ältesten ein Dienst ist, der mit diktatorischen Maßnahmen nicht das geringste zu tun hat. Es ist lohnend, die Aufgabenbereiche der Ältesten in neutestamentlicher Zeit genauer zu studieren. Ihnen oblag der Hirtendienst für die Gemeinde (Apg. 10,28) und die biblische Lehre (1. Tim. 5,17). Diesen Dienst sollten sie willig, nicht um eines Gewinnes willen und nicht als Beherrscher, sondern als Vorbilder der Gemeinde verrichten (1. Petr. 5,1-4). Wenn wir noch die Qualifikationsanforderungen hinzunehmen, die im Titusbrief 1,5-9 an die Person des Ältesten gestellt werden, gewinnen wir ein sehr farbiges Bild von der Voraussetzung, der Zielsetzung und den Aufgabenbereichen des Ältestendienstes.

Wer sich als Mann seiner Gemeinde zur Verfügung stellen will, findet am Bild des Ältesten im Alten und Neuen Testament eine gute geistliche Orientierung. Ob er sich in einen gemeindlichen Leitungsdienst berufen läßt oder, gemäß seinen Gaben, der Gemeinde anderweitig dienen will, in jedem Fall wird ihn die Liebe Gottes bewegen, Leitungsverantwortung im Sinne des Hirtendienstes zu übernehmen. Im Psalm 23 findet der Mann das unüberholbare Bild der Aufgabenbereiche geistlichen Hirtendienstes. Es wäre m.E. eine vorrangige Aufgabe der Gebets- und

Hauskreise in unseren Gemeinden, in der Fürbitte dafür einzutreten, daß die Männer in Kirche und Gemeinde noch viel stärker solche Leitungsverantwortung übernehmen. Sie sind als Männer dazu berufen, und sie dürfen diese Pflicht weder vernachlässigen noch an die Frau delegieren. Nur so kann es gelingen, daß der oft beklagte »Frauenüberschuß« in unserem durchschnittlichen gemeindlichen Leben überwunden wird. Wenn die Männer in dieser Hinsicht wieder »mehr Flagge zeigen«, dann wird das auch nicht ohne Auswirkung auf die Jugend bleiben.

Wie schwer ist es doch in einer Durchschnittsgemeinde, die jungen Männer zur aktiven Mitarbeit zu gewinnen. Die Hauptursache liegt zweifellos darin, daß die Vorbilder weithin fehlen. Wo aber Männer im Aufblick zum Guten Hirten wieder selbst Hirten werden, dort kann das Gemeindeleben aufblühen, wie manche Beispiele zeigen.

Jetzt kommen wir zu dem Dienst der Frau in der Gemeinde. Ein sorgfältiges Studium der neutestamentlichen Gemeindesituation zeigt, wie reich und vielfältig dieser Dienst sein kann.

Wenn wir uns anhand der Apostelgeschichte und der neutestamentlichen Briefe in das Leben und die Struktur der entstehenden Gemeinden versetzen, entdecken wir folgende Aktivitäten der Frau:

- Frauen treffen sich zum Gebet, sowohl in Gemeinschaft mit Männern (Apg. 1,14) als auch untereinander (Apg. 16,13).
- Sie engagieren sich in sozialer Fürsorge wie Tabea in Joppe (Apg. 9,36) und Phöbe in Kenchreä (Röm. 16,1ff.).
- Sie öffnen ihr Haus und üben Gastfreundschaft wie Lydia in Philippi (Apg. 16,15.40).
- Sie sind tapfere Mitarbeiterinnen der Apostel (Röm. 16,4-6.12; Phil. 4,2f.).
- Sie üben das von den ersten Gemeinden eingerichtete Amt der Gemeindehelferin aus (1. Tim. 5,9ff.).
- Sie ermutigen und ermahnen die jüngeren Frauen (Tit. 2,3-5).

Die genannten sechs Dienstbereiche der Frau sollen keine vollständige Liste sein. Aber sie vermitteln schon einen guten

Eindruck von der Vielgestaltigkeit des gemeindlichen Engagements der Frau im Urchristentum. Die Frau findet hier wertvolle Impulse für ihre Mithilfe im Gemeindeleben heute. Vielerlei Aktivitäten lassen sich aus ihnen ableiten. Ich nenne nur einige: Aktive Mitarbeit in Gebets-, Haus- und Frauenkreisen, soziales Engagement, finanzielle und materielle Hilfe für Notleidende in Gestalt privaten Einsatzes oder organisierter Aktionen, Mithilfe in der Kinder-, Jugend-, Frauen- und Altenarbeit, bei Freizeiten, bei gemeindlichen Veranstaltungen und im Besuchsdienst, Betreuung von Gästen der Gemeinde, sowie Seelsorge an Mädchen und jungen Frauen. Welch eine segensreiche Einrichtung ist es doch in vielen Gemeinden geworden, daß sich nichtberufstätige und verwitwete Frauen vormittags zu einem Bibelgesprächskreis treffen. In unserer Zeit, in welcher zunehmend die zwischenmenschliche Begegnung durch Medien und durch Technik ersetzt wird, gewinnt der persönliche Einsatz für den Nächsten ein immer größeres Gewicht. Wie viele vereinzelte und isolierte Menschen warten in unseren Häusern, Heimen und Krankenhäusern, aber auch in den Gefängnissen darauf, besucht zu werden und eine menschliche Zuwendung zu erfahren, die aus der Liebe Gottes entspringt und die deswegen auch eine neue Brücke zum Glauben schlagen kann. Oft hört man als Argument für die Berufstätigkeit einer Ehefrau, daß ihr zu Hause, wie man so schön sagt, die Decke auf den Kopf fällt. Welch ein breites Feld an möglicher Aktivität eröffnet die Gemeinde doch solchen Frauen, die zu Hause nicht mehr voll in Anspruch genommen sind! Und ist nicht auch letztlich die innere Befriedigung eines solchen Dienstes am Nächsten, auch wenn er sich finanziell nicht niederschlägt, ein persönlicher Gewinn?

Mir fällt an den gemeindlichen Aktivitäten der Frau, so wie sie im Neuen Testament geschildert werden, neben der Vielgestaltigkeit noch als zweiter Aspekt auf, daß sie alle der schöpfungsmäßigen Bestimmung der Frau entsprechen, nämlich eine »Hilfe« zu sein. Diese Tätigkeiten tragen alle diakonischen, sozialen, pädagogischen und seelsorgerlichen Charakter, sie sind alle

»Hilfsdienste« im besten Sinne des Wortes: Sie schenken Hilfe zum Leben und zur Lebensbewältigung.

Bisher haben wir die verschiedenen Bereiche des Dienstes der Frau in der Gemeinde betrachtet, ohne auf die Unterscheidung zwischen dem ehrenamtlichen und hauptamtlichen Dienst einzugehen. Der hauptamtliche Gemeindedienst der Frau ist von nicht geringerer Bedeutung für ein gesundes Gemeindeleben als der ehren- und nebenamtliche. Es gibt heute eine Vielzahl von gemeindebezogenen Berufen, in denen die Frau ihre besonderen Gaben für den inneren und äußeren Gemeindeaufbau einbringen kann. Einige solcher Berufe mit schwerpunktmäßigem diakonischen, sozialen, seelsorgerlichen und pädagogischen Charakter seien noch aufgezählt: Kindergärtnerin, Katechetin, Religionslehrerin, Gemeindehelferin, Diakonisse, Krankenschwester, Kirchendienerin, Kirchenmusikerin, Sozialarbeiterin, Berufs- und Eheberaterin, Mitarbeiterin in der Strafgefangenen- und Krankenhausseelsorge, Mitarbeiterin in den Medien usw. Wie immer sich eine Frau entscheidet, ob zum ehrenamtlichen oder zum hauptamtlichen Gemeindedienst, sie wird, wenn sie nicht für sich, sondern für den Herrn arbeitet, unter seinem Segen stehen und in vielfältiger Weise Befriedigung und Erfüllung finden.

Nun möchte ich mich abschließend noch einem Problem stellen, das etwa seit dem 2. Weltkrieg in vielen evangelischen Kirchen zu heißen Diskussionen geführt hat und auch heute noch im Blick auf die ökumenische Gemeinschaft der christlichen Kirchen Anlaß zu tiefgreifenden Meinungsverschiedenheiten bietet. Ich meine die Frage, ob die Frau das gemeindliche Leitungsamt übernehmen sollte. Im Rahmen dieses Ehebuchs kann ich natürlich nur knapp versuchen, dieses Problem in das Licht des biblischen Menschenbildes zu stellen und Grundlinien einer Antwort vom Evangelium her zu finden.

Zunächst ist eine Besinnung darüber nötig, was eigentlich Lehre im biblischen Sinn bedeutet. Den gemeindlichen Leitungsdiensten obliegt die Lehre und Unterweisung der Gemeinde. Deswegen müssen wir wissen, was Lehren bedeutet. Mit Hilfe jeder Konkordanz wird uns schnell einsichtig, daß Lehre in der Bibel Wegweisung zum ewigen Leben bedeutet. Das wird aus Stellen wie etwa 1. Samuel 12,23; Sprüche 13,14; Daniel 12,3 oder Matthäus 28,20 deutlich. Auch an Hebräer 13,17 wäre zu denken, obwohl hier im Urtext nicht der Begriff »Lehrer«, sondern »Leiter« steht.

Der Lehrer im biblischen Sinn hat die große Aufgabe, die Gemeinde zur »Gerechtigkeit Gottes« zu weisen. Er hat die Aufgabe des Hirten zu übernehmen, welcher sich um die »grünen Auen« und um das »frische Wasser« zu kümmern hat, d.h. um das Wort und den Geist Gottes. In diesem Sinn war Jesus Lehrer. Lehre im biblischen Sinn ist also etwas ganz anderes als Lehre im Sinne unseres Schul- und Wissenschaftsverständnisses. Der biblische Lehrer wacht über den geistlichen Weg der Gemeinde, der Lehrer im Sinne unseres Schul- und Wissenschaftsbetriebes vermittelt Wissen.

In einem zweiten Gedankenkreis wollen wir uns noch einmal daran erinnern, daß die Verpflichtung zur Gemeindeleitung zu den Aufgabenbereichen des Mannes gehört. In Epheser 5,25ff. empfängt die Leitungsverpflichtung des Mannes ihre tiefste Begründung in der Liebe. Die Liebe Gottes sucht immer das Beste des anderen, also sein Wohl und sein Heil. Sie ist zutiefst daran interessiert, daß der andere den Weg des Lebens, den Weg des Glaubens geht, damit ihm das ewige Heil Gottes zuteil wird. In diese Liebe wird der Mann durch den Apostel Paulus hineingerufen. Es ist dieselbe Liebe, die den Gottessohn auf diese Erde trieb, um ihr den Weg des Heils zu eröffnen und zu zeigen. In dieser Liebe liegt auch der Ursprung für die neutestamentliche Praxis, die eindeutig und durchgehend dem Mann die Leitungsaufgaben in der Gemeinde überträgt.

Obwohl sich Jesus in vielerlei Hinsicht über die damalige jüdische Sitte hinwegsetzt, beruft er doch in den engeren Jüngerkreis nur Männer und setzt auch das Abendmahl in der Gemeinschaft dieses Jüngerkreises ein. Dementsprechend wurden in den Gemeinden zur Zeit des Neuen Testaments nur Männer in den Ältesten- bzw. Bischofsdienst berufen (vgl. 1. Tim. 3,2). Mit dieser Praxis befinden sich die Gemeinden in voller Übereinstimmung mit dem Zeugnis des Alten Testaments. Lehrer, Priester, Könige und Älteste waren z.Z. des Alten Testaments nur Männer. Nur einmal bekleidete eine Frau, die Prophetin Debora, ein Leitungsamt. Wie man aus Richter 4 und 5 entnehmen kann, war dies der Ausdruck eines Notstands. Offensichtlich war kein Mann da, der bereit war, sich zum Richter und damit zum Leiter des Volkes berufen zu lassen. Insofern bestätigt auch diese Ausnahme die Regel.

Genauso eindeutig, wie im biblischen Wort die Verpflichtung zur Leitung in Familie und Gemeinde und damit auch die Verpflichtung zur Lehre dem Mann übertragen werden, wird der Frau der Zugang zu den gemeindlichen Leitungsdiensten und zur Lehre der Gemeinde generell verwehrt. Frauen wurden in den urchristlichen Gemeinden nicht in das Ältesten- bzw. Bischofsamt berufen. Paulus stellt in 1. Korinther 14,34 fest, daß dies »in allen Gemeinden der Heiligen« so gehandhabt wurde. Er gibt als Begründung für diese generell gültige Anordnung an, daß sich die Frau durch das Ausüben der Lehre in der Wortverkündigung über den Mann erheben würde (1. Tim. 2,12; vgl. 1. Kor. 14,34, wo er die Frau ermahnt, sich ihrem Mann unterzuordnen). Lehre ist nach Überzeugung der biblischen Verfasser, wie ich schon ausführte, Wegweisung zum ewigen Leben, ist also Hirtendienst, und aller Hirten- und Leitungsdienst gehört für sie zur geistlichen Verantwortung des Mannes. Der Mann soll aus Liebe seine Frau und, wenn er dazu berufen ist, die Gemeinde leiten, aber er soll nicht von der Frau geleitet werden. Natürlich wird damit nicht eine Untauglichkeit der Frau zu biblischer Lehre unterstellt. Die alten Frauen sollen ja z.B. nach Titus 2,4 die jungen Frauen unterweisen. Aber die Frau soll generell nicht in die Verantwortungsbereiche des Mannes eingreifen, sondern sie soll ihm helfen, zu seiner Verantwortung zu stehen. Nur wenn ihr von Gott eine klare Berufung zum Gemeinde-Leitungsdienst und zur öffentlichen

Wortverkündigung gegeben wurde, sollte die Frau diese biblische Richtschnur verlassen.

Die biblische Argumentation einschließlich des neutestamentlichen Lehrverbots für die Frau ist in sich völlig schlüssig. Sie beruht auf dem Schöpfungs- und Sündenfallgeschehen und der durch die Erschaffung von Mann und Frau gesetzten Unterschiedlichkeit der Geschlechter, die sich in unterschiedlichen, von Gott gegebenen Gaben und Aufgaben auswirkt.

In allen deutschen evangelischen Landeskirchen und in vielen protestantischen Kirchen in der Welt wurde in den vergangenen Jahren und Jahrzehnten die Frauenordination und damit die Gleichstellung mit dem Mann im Gemeindeleitungsdienst vollzogen. In der katholischen Kirche und in den orthodoxen Kirchen, die zusammen weit mehr als die Hälfte der Weltchristenheit bilden, wird die Frau nicht zum Gemeindeleitungsamt ordiniert. Zweifellos geht diese unterschiedliche Entwicklung auf verschiedene kulturelle und geistesgeschichtliche Strömungen zurück. Im europäisch-angelsächsischen Raum ist in der Gesellschaft und dann auch in der Gemeinde das Bewußtsein weithin geschwunden, daß dem Mann – nach der biblischen Offenbarung – die Leitungsverantwortung für Familie, Gemeinde und Gesellschaft zukommt. Man könnte sagen, daß der Mann in diesem Kulturkreis seine ihm ehemals vom Christentum vermittelte Identität weitgehend verloren hat. Die Folge dieses Rückzugs aus seiner christlichen Identität ist das Eingreifen der Frau in die Leitungsverantwortung in den genannten Bereichen.

Es ist für einen Christen, der sich der bleibenden Gültigkeit des biblischen Menschenbildes bewußt ist, voraussehbar, daß diese Identitätskrise von Mann und Frau zu einer immer stärkeren Entfremdung der Geschlechter voneinander führen muß, wenn nicht eine neue geistliche Schau der biblischen Bestimmung des Mannes und der Frau und ihrer unterschiedlichen Aufgabenbereiche in der Gemeinde geschenkt wird.

Wenn die vorstehenden Ausführungen über den gemeindlichen Dienst des Mannes und der Frau den Leser zu einer Neuentdeckung der biblischen Schau führten, wäre ihr Zweck erreicht. Gottes Weisungen sind die besten, weil seine Argumente die besten sind. Er hat uns Menschen als Mann und Frau erschaffen, er kennt uns am besten. Er hat auch die beste Platzanweisung für einen fruchtbaren Dienst in seiner Gemeinde.

Anmerkungen und Literaturhinweise

1 V. u. G. Scheunemann, Ein Leben lang Glück und Geborgenheit, 5. Aufl., Neuhausen-Stuttgart 1987, S. 112

2 W. Nitsche, Partnerwahl für Christen, Berneck 1985, S. 41

3 G. Hauer, Sehnsucht nach Zärtlichkeit, Kehl/Rhein 1981, S. 51

4 Zur wesensmäßigen Verschiedenheit der Geschlechter vgl. W. Neuer, Mann und Frau in christlicher Sicht, 3. Aufl., Gießen 1985, S. 22ff.

5 Brief der Synode der Evang.-luth. Landeskirche Bayerns an junge Christen zum Thema »Ehe und Familie« vom 27.11.1980

6 L. Christenson, Die christliche Familie, 2. Aufl., Marburg/Lahn 1973, S. 36f.

7 R. Becker-Schmidt u.a., Eines ist zu wenig – Beides ist zu viel, Erfahrungen von Arbeiterfrauen zwischen Familie und Fabrik, Bonn 1984

8 T. Timmons, Ehe nach Gottes Plan, 7. Aufl., Marburg 1986, S. 41

9 W. Trobisch, Der mißverstandene Mann, 5. Aufl., Kehl/Rhein 1987

10 Zur Einführung vgl. J. Cochlovius, Strategien für eine bessere Welt, Neuhausen-Stuttgart 1984

11 Eine gute Einführung mit ausführlichen Literaturangaben bietet das Buch »Zur Emanzipation verurteilt«, Herderbücherei Initiative Bd. 6, hrsg. von G.-K. Kaltenbrunner, München 1975

12 Theologisches Wörterbuch zum Neuen Testament, Bd. 6, Stuttgart 1959, S. 590 – 592. W.A. Heth/G.J. Wenham, Jesus and Divorce, 2. Aufl., London 1985, S. 123 – 135; 198 – 203

13 Theodor Bovet, Ehekunde. Die jüngste Wissenschaft von der ältesten Lebensordnung, 2. Teil, Bern 1962, S. 264

14 G. v. Viebahn, Verlobung – Heirat – Ehepraxis. Frutigen 1983, S. 87f.

15 L. Christenson, Die christliche Familie (s. Anm. 6), S. 55

16 »Ehe – billiges Versorgungsinstitut für Frauen«, Artikel in der Frankfurter Allgemeinen Zeitung vom 1. Juli 1987

17 H. Hattenhauer, Die Privatisierung der Ehe, Wuppertal/Vellmar 1986

Eine kleine Auswahl an weiterführender Eheliteratur:

S.Kierkegaard, Die ästhetische Gültigkeit der Ehe. In: Entweder – Oder, Bd. 1, 2. Teil, 1. Aufl., Gütersloh 1980

R. Martin, Mann und Frau, Eltern und Kinder. Grundlagen für die christliche Familie, Gnadenthal 1982

W. Neuer, Mann und Frau in christlicher Sicht, 3. Aufl., Gießen 1985

Ders., Artikel Ehe, Ehescheidung, Ehelosigkeit. In: Das Große Bibellexikon, Bd. 1, Wuppertal/Gießen 1987

M. Ray, Einander lieben, 3. Aufl., Winterthur 1975

J. Rötzer, Natürliche Geburtenregelung. Der partnerschaftliche Weg. 17. Aufl., Wien 1987

V.u.G. Scheunemann, Ehe es zu spät ist. Anregungen zur Gemeinsamkeit in Ehe und Familie. Neuhausen-Stuttgart 1988

F. Smart/J. Young, Die Frau nach dem Gedanken Gottes, Neuhausen-Stuttgart 1981

H.W.I. Thiersch, Über christliches Familienleben, 3. Aufl., Frankfurt/M. und Erlangen 1957

I. Trobisch, Mit Freuden Frau sein ... und was der Mann dazu tun kann, 23. Aufl., Wuppertal 1987

I. Trobisch/E. Rötzer, Mit Freuden Frau sein. Um das Geheimnis der Fruchtbarkeit, 10. Aufl., Wuppertal 1985